弟子规

每天学点《弟子规》

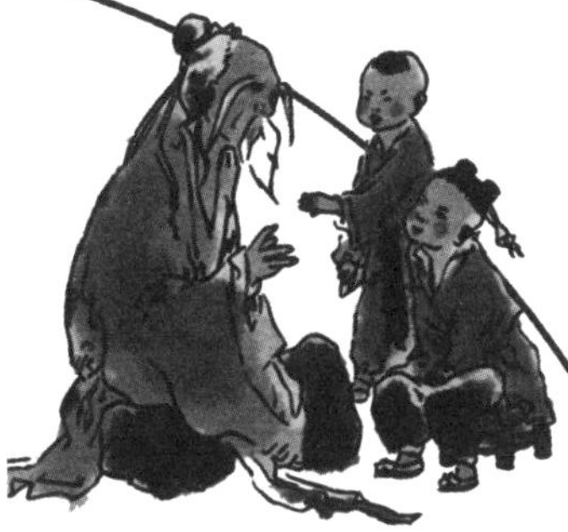

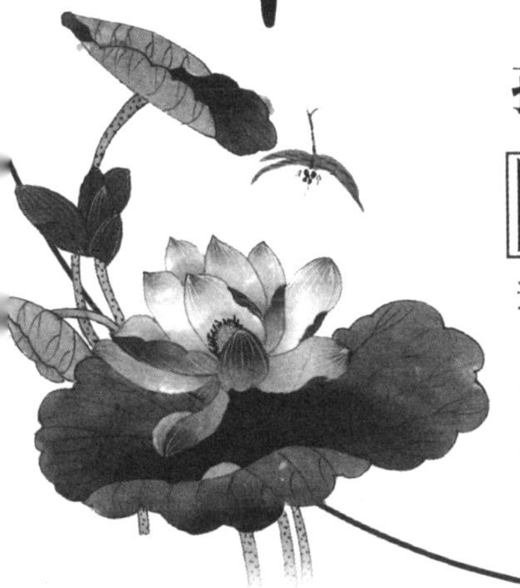

孙云◎编著

国学智慧源泉

道德教育、员工培训、和谐文化建设读本

第②版

中国纺织出版社

内 容 提 要

《弟子规》是我国古代著名的蒙学经典，它根据孔夫子的教诲编写而成，儒家思想提倡的孝、悌、谨、信、泛爱众、亲仁、余力学文等思想，都在《弟子规》中有明确的行为规范。《弟子规》告诉人们的不仅有从小就应该懂得的礼仪孝道，还有在生活、工作、学习中遇到问题如何解决的答案。

每天学习《弟子规》，感悟古圣先贤为人处世的规范，你将会获得婚姻的幸福、同事的尊重、下属的拥戴、上司的重视以及事业的成功。

图书在版编目(CIP)数据

每天学点《弟子规》/ 孙云编著. --2 版. —北京：中国纺织出版社，2015.1（2024.7重印）

ISBN 978-7-5180-0964-0

Ⅰ.①每… Ⅱ.①孙… Ⅲ.①古汉语—启蒙读物 Ⅳ.①H194.1

中国版本图书馆 CIP 数据核字(2014)第 214846 号

责任编辑：闫 星　　责任印制：储志伟

中国纺织出版社出版发行

地址：北京百子湾东里 A407 号楼　邮政编码：100027

销售电话：010—67004422　传真：010—64168231

http://www.c-textilep.com

E-mail:faxing@c-textilep.com

中国纺织出版社天猫旗舰店官方微博

http://weibo.com/2119887771

永清县晔盛亚胶印有限公司印刷　各地新华书店经销

2015年1月第2版　2024年7月第4次印刷

开本：710×1000　1/16　印张：15.5

字数：189千字　定价：78.00元

目录

绪

论

1 谨言慎行，和睦处世大智慧

《弟子规》是中国传统的启蒙教材之一，它是根据至圣先师孔子的言行演变而成的一部书。古人讲究仁、义、礼、智、信以及温、良、恭、俭、让等美德。归结起来，首先要做到的就是“忠孝”二字。何为“忠孝”，事国为忠，事家为孝，而对于家这个概念还可以分成两个小类：首先在对待父母的问题上，顺从双亲、敬爱有加可称为孝亲；再者对待兄弟姐妹也要保持一种兄友弟恭的态度，兄弟间彼此珍惜爱护被称为“悌”。我们知道孟子讲过“谨庠序之教，申之以孝悌之义，颁白者不负戴于道路矣”。在这里他说的就是一种理想社会的蓝图：设立学校来教导民众，使他们知晓自己与父母兄弟之间的关系，做到了这一点，头发花白上了年岁的老人就不需要在街面上负重奔波了。我们从这里就能看出来，儒家的思想看似繁杂冗迭，但是归结起来最主要的还是前面提到的“忠孝”二字，中国泱泱五千年文明史，发生于其中的任何一件值得君主或是天下黎民称颂的事，都是以这两个字为核心的。这两个字就是中华文明的精神内核，也是我国灿烂文化之所以源远流长的根本，更是中华民族得以屹立于世界民族之林的不屈的脊梁！

阅尽历史画卷，我们不难发现那些闪耀着光芒的先驱们，他们无时无刻不在用已经逝去的生命向后人昭示他们不朽的精神：荆轲为了报答燕丹的知遇之恩而刺秦，最终被砍断了双腿，当他瘫倒在咸阳宫的大殿上依旧面无

惧色的仰天大笑时，他早已把自己的生死置之度外，他所遗憾的，只是没能偿还恩人的情，没有洗刷国难之耻。荆轲以一介剑客之态向后人诠释了何为对国对主之忠诚!

而关于孝道的故事就更屡见不鲜了。《二十四孝》绘出了各式孝亲之图，虽然里面不乏有些陈腐，但总体的出发点和要表达的内涵还是很光辉的。至于“百里负米”的故事我们也是耳熟能详:

“百里负米”的主人公仲由，也就是孔子门下最为勇猛刚强的弟子:子路。子路早年家中贫穷，常常只能以野菜果腹，但为了照顾好父母的身体，他从百里之遥的地方负米回家，毫无怨言地侍奉双亲，直至他们去世。而后来子路做了大官，乘着马车去赴宴，一边吃着丰盛的宴席，一面黯然伤神道:“我现在依然想吃野菜，想为父母去背米，但是又怎么能做到呢?”对于子路此行，孔子由衷地赞叹道:“侍奉父母，生时尽力而死后思念，堪称一个孝子啊!”

古人说“树欲静而风不止，子欲孝而亲不待”，双亲在世时不去尽一份孝道，等到他们永远离开时才开始后悔，然而却只留下永远无法挽回的锥心之痛。子路虽然生性鲁莽，但并不妨碍他做一个孝子，宁愿自己吃野菜而为父母负米备炊。黄香九岁能为父母温席，孔融四岁能为兄长让梨。相比之下，当今那些为了家产而父子相嫉、兄弟相残的人是多么悲哀和可笑!一张薄薄的存折竟然压住了几十年的血肉亲情，腐败变味并且夹杂着铜臭味的亲情在阳光下显得阴暗而泥泞，那里是人性的死角，有一片刺骨锥心的寒冷。

除却忠孝之外，“谨信”也是不可少的为人处世因素。这里的“谨”是指说话诚实，成语“谨言慎行”也就代表了这个意思;而“信”，顾名思义就是指代“信用”。君子处世，无信不立。小到持家，大到治国都要围绕“信”字进行，君主登基首先要做的就是取信于民，子贡曾问孔子该如何处理政事，孔子回答他说，充实军备，备足粮食，取信于民就可以了。子贡又问："如果迫不得已去掉一项该怎么办？"孔子回答："去掉军备。"子贡又问，孔子回答去掉粮食，最后总结道："没有粮食，最终不过是饿死罢了，而自古皆有死，所以大可不必担忧。但是如果国家不能取信于百姓，那么这个国家只会日渐衰落，乃至最终崩颓。"

由此可见"信"在生活中的作用。其实信不仅仅存在于治国之道里，曾子杀猪体现的是信；尾生所约女子不至，最终抱柱而死体现了信；"言必信，行必果"体现的也是信。可见信已经贯穿在我们生活的各个方面，从国家大事到柴米油盐，从国计民生到爱恨情仇，无一例外地包含了这一主题。

我们不要抱着敌视的眼光来审视这些古典著作，不要认为当时的圣人之言就是今天的陈词滥调。圣人之所以称为圣人，就是因为他有超越世俗的眼光，有高屋建瓴的姿态，可以超然物外地达观地解读这个世界，我们应该多读些圣人之言以启迪心智，净化心灵，唯有如此，才可以堂堂正正做人，坦坦荡荡做事，与人和谐且于己方便，以此建设一个其乐融融的世界。

2 完善自我，不断学习是王道

《弟子规》中写道："泛爱众，而亲仁，有余力，则学文。"意思就是要大家都有爱惜之心，而对于有仁德之心的君子，除了需要具备爱惜之心以外，还要去主动亲近他们。在学会这些的基础上，如果你还有充足的精力，那么你就用来看书吧。这是圣人讲的一种修身养德的办法，它首先强调了人精神内涵的重要性，一个人成功与否都与他自身的精神内涵有着密不可分的关系。

孟子学说中提到过"四心说"。所谓"四心"是指：恻隐之心、羞恶之心、辞让之心、是非之心。一个人之所以称之为人，首先就要有"心"，这里所说的"心"不是我们今天医学意义上的脏器，而是古人所讲的一种能够引导人进行思考、行动的纲领，一种划分是非深浅的准则。"四心"中最先提到的就是"恻隐之心"，这就意味着君子需要对世人怀有一种慈善悲悯的情怀，而这就恰恰与我们所说的"泛爱众"相契合。可见儒家文化虽有万变，但终究不离其根本宗旨，其宗旨是什么，我们在这里不难看出，即"爱人"。但凡仁人志士都有一颗悲天悯人之心，他们入则饱读诗书，出则观民生疾苦，他们的理想是修身、齐家、治国、平天下。正如范仲淹所说的"先天下之忧而忧，后天下之乐而乐"那样，时时刻刻都在关心国计民生的大问题，以天下之兴为己任，在朝为官，则恩泽黎庶；治理一方，则勤政爱民。这就是仁人君子所做到的“泛爱众”，也体现了他们的一颗“恻隐之心”。

而有关所谓“亲仁”的事例，在我国历史上就更是屡见不鲜了。诸葛亮在《前出师表》中说“亲贤臣，远小人”就是这个意思，从而也可以延展到“勿以善小而不为，勿以恶小而为之”的问题上。的确，亲近君子的效果可能一时不是太明显，因为君子之风是谦和而温润的，它不会像一场突如其来的暴风雨一样突然改变一个人，但它会以一种“润物细无声”的姿态静默地使一个人发生本质上的变化。多与君子交往就像身边长满了空谷幽兰，四溢的芳香会慢慢浸透每一个毛孔，使人发生由内而外的变化，而这种变化正是一个渐变的过程。

如果以上的事情做得差不多之后依然有旺盛的精力，那么这个时候人就应该去读书了。毕竟，一个完整而清晰且坚定的精神内涵是需要有一个强大的知识体系来支撑的，否则就成了无本之木、无源之水，永远不会长久。这句话也从侧面提出了后天学习的重要性。读书是雕琢一个人性情的最好方法，曾经有过这样一个故事：

三国时期，有个学识十分丰富的人叫做董遇。他家里穷困潦倒，以至于需要整日为生计奔波，人们惊异于他生长在逆境中的过人的才华，因此人们成群结队地来到他家里求他指点一二。董遇只对大家说了学习需要有“三余”。看大家都面面相觑而不知所以的样子，董遇又做出了解释：“三余”就是生活中所遗留下来的三种剩余时间，也就是冬季、晚上和雨天。冬天是四季之余；夜晚是白昼之余；雨天自然就是晴空万里之日的余时。人们要善于利用空闲时间去读书、去自我完善，这样才能使自身日臻完善。

“三余”带给我们的震撼还是相当大的。家境贫穷的董遇在为生计奔波、寻找果腹之物的日子里，犹不忘读书上进。这与我们曾经听过的“囊虫

映雪”是相类似的。由于家境贫寒而买不起灯油的车胤、孙康,为了读书不得不借助萤火虫和雪的力量。古人这种孜孜不倦的学习精神是我辈的榜样,也是我们前进路上的灯塔。《易经·乾卦》中说:“天行健,君子以自强不息;地势坤,君子以厚德载物。”今天的“自强不息,厚德载物”八个字已经成为清华大学的校训,它由古至今绵延了几千年,依然在教化、滋润着国民,正是因为这些闪光的文字,潜移默化地影响着一代一代的中国人,使我们的人民无时无刻不在用这些浅显却又暗含着无尽真理的文字对抗着自身的惰性,从而一步步艰辛地由平庸向不朽跨越!

鲁迅先生说过,时间就像海绵里的水,只要去挤,总是有的。于是他为了自己说过的话而身体力行,不知疲倦地在案头边度过了一个又一个黑夜后的白天和白昼后的黑夜。在无数个白天和黑夜中,他手指间忽明忽暗的烟头成了一盏最微弱的领航灯。在这里,他写下了一篇篇如刀似剑的文字,他以文字作刀枪、作匕首去刺穿茫茫无尽的黑夜,他屹立于天地之间,令日月星辰为之失色!

当今的人们似乎忘记了古老的训诫,空闲的时光无一例外地奉献给了网吧、电视、麻将以及毫无意义的饶舌上面。他们似乎听不见时光流逝的声音,也听不见死亡临近的脚步。人生在世一百年也只是三万六千五百天而已,生时何必久睡,死后自会长眠!再精致的时间也抵挡不住庸碌之人的腐蚀,当人们忘记了用前进的脚步来逼退时光流逝带来的恐惧时,衰老和死亡必将兵临城下!

“泛爱众,而亲仁 ,有余力,则学文”,已经成为遥远的声响,但我们不应让声响成为绝响,当务之急是踏着前辈的足迹继续走下去,宣扬我国灿烂的文化,同时也让自己的灵魂得到洗涤,从而不朽。

入则孝

1 及时回应，是对父母的尊重

《弟子规》中说："父母呼，应勿缓。父母命，行勿懒。"意思就是面对父母对自己的召唤，应该马上应承而不应行动迟缓；面对父母提出的要求以及命令，也应该马上去完成，而不应该懒惰。

古人讲，身体发肤受之于父母。父母是你生命的源泉，兽类中犹有羊羔跪乳、乌鸦反哺之行为，那么作为万物之灵的人类，就更应当孝亲敬长。

中国传统文化的道德核心和灵魂是孝道，而中国几千年的文明史也正是建立在这种传统文化的基础之上，从古至今绵延不断的文化潜移默化地影响着一代又一代中国人。孝道是我国道德理论的基点，纵观史书，我们不难发现，古代君主们多宣扬"以孝治天下"，知识分子们讲究"修身、齐家、治国、平天下"的入仕道路，但这一切的起点就是对于父母的态度。很难想象一个连自己父母都不尊敬的人，纵然拥有再高深的学问，又有哪个君主愿意起用呢！君主们都清楚，"忠孝"二字是不能分家的，一个能够对父母尽孝的人才可能对国家尽忠，否则貌似忠良的表层下藏着的很可能是一颗不为人知的祸心！古人云："子女孝顺，父母心安。家存孝道，国有忠臣。"这句话说的也正是这个道理。只有在家庭里培养起良好、正直的品行，才能在朝廷的各方事物中立稳脚跟、不惧不怒，在惊涛骇浪中依然能够找到自己的位置，坚持自己的信仰，从而做一个有责任感、有道德感的正人君子。

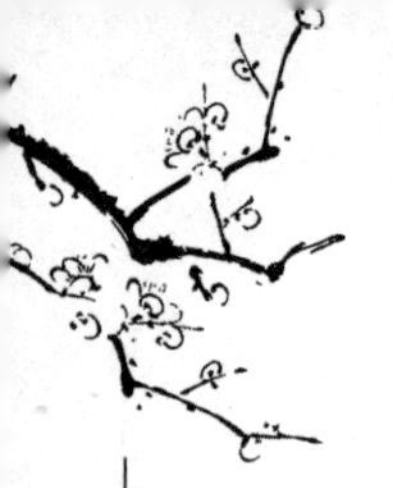

从这里我们就能看出，《弟子规》中想要阐述的并不仅仅是流于表面上的听命与服从，而是一种心灵上的归属感。

周文王的祖父古公亶父，先后养育了三个儿子，分别是：泰伯、仲雍、季历。三个儿子的品行都十分优秀。季历大婚后不久就有了自己的儿子，也就是古公的孙子。古公很高兴地看着自己的孙子，仿佛不经意间说了这样一句话："以后振兴我家的恐怕是这个孩子！"事实证明，古公的预言没有错误，这个孩子就是姬昌，也就是后来的周文王。古公的预言虽然对了，但同时也出现了一个问题：封建王朝的立嗣体制是"立嫡以长以贵不以贤"，论长幼，泰伯自然是第一人选；论起身份，三人都不相上下了。也就是说，无论如何排序，这个王位都不可能落在季历头上，而不落在季历头上就意味着不可能落在姬昌头上。泰伯知道父亲的心思，他为了成全父亲这个心愿的同时又不破坏礼制，就在某一天佯装采药而离开了家。他一离开，仲雍马上就明白事情的原委了，于是他也以同样的理由离开了家，兄弟俩相继出走，把河山让给了最小的弟弟，完成了父亲的心愿。

从这个故事中我们不难看出，封建社会早期的风气还是很淳朴的。王公贵族和市井平民似乎没有太大的差距，同时宫廷内部也没有那么多血迹斑斑的屠杀，这个时期的风气似乎还停留在尧舜禹禅让时期的样子。也正是这种掺入了孝亲成分的良好风气造就了周朝八百年的历史，我们在赞叹周文王的时候，也请不要忘记他家族的两位先祖：泰伯和仲雍。是他们两个为了实现父亲的心愿而甘愿放弃本属于自己的王位，这种大忠大孝着实令人敬仰，而这种拱手河山的姿态也确实不是每个继承人都能做出来的。

我们当今的社会似乎离这种淳朴已经渐行渐远了。时至今日，还有多少成年人要父母伺候？父母做好了饭菜喊你，你依然恋恋不舍地待在电脑前收菜聊天；父母想和你出去郊游，你却借口单位加班而和一大群朋友躲在酒店歌厅里纠缠；父母闷了、累了想和你聊会儿天、诉诉苦，你却一脸不耐烦地扭过脸……当今的种种，我们已经和古人差得太远了！连最起码的尊重父母都做不到，还谈什么为国为民呢？“孝顺”之意，唯有“顺”方能“孝”，一个连顺应父母要求都做不到的成年人，还能指望他做出什么感天动地的事情来呢？

如果把这个“顺”字扩展到大的方面，我们可以看以下这个例子：

许哲女士是新加坡的慈善家，多年来一直致力于慈善事业。有一次要录制一个关于她的专访，记者找了好久，终于在一个贫民区找到了衣衫褴褛的她，记者大骇，问她发生了什么事。然而她淡然地摇摇头说：“没发生什么事，只是我的工作要求我穿成这样，如果我穿着西装去接近他们，他们就会从心底排斥我，所以我必须和他们一样。”

由此可见，如果超越了家庭范围而来到社会当中，想要零距离地接近别人，依然要注意与对方的行为保持一致。如果在某一概念上超越了对方的行为习惯，那么这个行动很可能就会导致失败。家国一体，只有在小家中尊重父母，在社会中才能够能屈能伸、游刃有余。

2 恭顺地听从父母的教诲和训斥

《弟子规》中说:“父母教,须敬听;父母责,须顺承。”意思就是说,父母的教诲,一定要恭恭敬敬地听从,父母责备你,如果是有道理的,你一定要虚心接受。俗话说:“爱之深,责之切。”一个人在成长的路途中,难免会犯各种各样或轻或重的错误,在这个时候能够真心替你着急的人,恐怕只有父母了。古时候犹是如此,当今这个年代就更是如此了。古人素来讲究“孝顺”之道,那就是说,孝的起点就是顺从,恭敬和顺从是对待父母最起码的礼节和态度,如果一个人连父母的批评和指教都觉得逆耳的话,也就不要期盼他能去提笔安天下、骑马定乾坤了。孝亲敬长是忠君爱国的基础,一个知识分子若是整天被狂热的功利心所俘获,脑袋里没有一点亲人长辈的概念,也注定会误入歧途,最终自我毁灭,甚至殃及全家全族。所以,唯有能够正确认识和对待父母批评的人方能成为儒家文化的典范和千古知识分子的代表人物。

孟子年幼的时候十分顽劣,经常在念书的时间偷偷跑出去玩耍。有一天,他跑出去玩得大汗淋漓地回到家,发现母亲正坐在机杼旁纺线。母亲见他大汗淋漓地跑回来,知道他根本没去上学,一定是出去玩了,她一生气,拿起一旁的凳子向机杼狠狠砸去,只是几下,机杼就变成了一地的废木头。一旁年幼的孟子惊呆了:“母亲,您辛辛苦苦织出的布,为什么要毁了呢?”孟母回答:“孩子,布被毁了还可以重新织,只是你的学业荒废了,就再也不能重新拾起了，照这个样子下去，你的前途可怎么办呢?”

孟子听到母亲这样说，惭愧地低下了头，从此以后开始发奋学习，不再荒废学业惹母亲生气了。

孟子不愧为儒家学派里的“亚圣”，他虽然小小年纪，但是却能够在母亲为自己指出错误的时候虚心接受，能够听从母亲的教诲。而不是像一般的不懂事的顽童那样，稍不如意便摔门而去或是坐地大哭。年幼的孟子是以一种极为谦逊并且理性的态度对待自己的错误，并虚心接受帮他指出错误并把他引向光明的母亲的教诲，可以说，如果没有孟母的指点，中国文化史上恐怕就要缺少一个伟大的思想家了！

当然，父母也并非圣贤，他们的意见也会有偏激的时候，他们的理智也有被激动的情感覆盖的时候。做儿女的一旦遇到这种情况，还是要给父母保留足够的尊严和体面的。不要当面顶撞他们，即便他们的话再没有道理，即便他们的举动再为粗暴，这时你只需要暂时避开锋芒，等到彼此的气消了再去解释不迟，切不可凭着一股冲劲儿和父母顶撞，要知道，你们是血亲骨肉，是天底下最亲的亲人，无论哪一方受到伤害都是你的失败。

孔夫子有“小棒则受，大棒则走”的理论。古时候，可能父母亲都是封建家族权力的化身，所以大都比较专制粗暴，儿女犯了错误，大小家法也就跟着上来了。孔子他老人家的意思是，当父母用小棍子打你，且打的力度在你的承受范围之内，那么你就受着；如果用大棍子打你，而且打的力度已经超出了你能承受的范围，换句话说，你很有可能在这一棍子下去之后三魂荡荡、七魄幽幽了，那么此时你一定要跑开，跑到他打不到你为止。孔子之所以这么说，是因为他宣扬“不陷父于不义”，教训孩子本是天经地义的事情，但是一旦出了格，不小心弄出人命来就是父亲的罪过了，这时候的性质就变

成了过失杀人，虽情有可原但理无可恕！这样一来，从表面上看，子女听从了父母的教诲没有任何的反抗和逃避，这种行为似乎是孝顺的，但是从本质上来看，由于自己的行为而导致父亲锒铛入狱，这种行为就是最为悖逆的行为，这相当于你间接害了自己的父亲！如果一定要说这也是孝道的话，那么这只能被称作一种“愚孝”，没有任何理智作为铺垫，只是凭着一股热烈的情感去面对一切，构建起的建筑迟早会坍塌。所以，在理解“父母责，须顺承”的意思上，千万不能太过偏激和幼稚，一定要分清利弊，就算父母暂时失去了理智，作为子女的你也要时刻保持清醒的头脑，千万不要让悲剧发生。

今天，处在文明社会中的父母们大多数不那么专制了。他们通常能够在孩子犯错误的时候采用悉心教诲的方式，但是现在的孩子恐怕也不像古人那样了，通常情况下，父母的一句话未说完，他们的十个理由已经整装待发了。对于这些孩子应该不会有性命之虞，但是学会尊重父母还是非常重要的。毕竟，随着孩子一天天长大，总有一天需要自己去面对社会，要独立处理来自四面八方的各种棘手问题，要和各个高层或是领导打交道，如果一个人连自己的父母都不能尊重、理解，那么有谁敢把重要的使命交付于他呢？到头来，只能觉得自己时乖命蹇，眼巴巴地看着别人而心生嫉妒，岂不知古今一理！

3 晨昏定省，关心父母冷暖

《弟子规》中讲："冬则温，夏则凊；晨则省，昏则定。"这句话的意思就是：寒冷的冬天里要设法去给双亲提供温暖，炎热的夏天里要学会为父母带来阴凉；早上起床之后，应该先去探望父母，并且向他们问好，下午回家后，要将一天的情形告诉他们，要他们放心。

父母为了子女劳累奔波一生，老有所养、劳有所得自然在情理之中，作为儿女如果连孝敬父母都做不到，那么就不要在人前谈什么旷世爱民的大道理了。

《二十四孝》中讲到黄香的故事：东汉时期，有个叫黄香的孩子，很小的时候母亲便去世了，只剩下他和父亲相依为命。父亲的身体很不好，冬天到来的时候，父亲冷得发抖。尤其是在睡觉时，冰冷的床和被子令他感到无所适从。黄香看到父亲这样心里很难过。于是，他就在父亲上床睡觉之前悄悄地钻进父亲的被子里，用自己的体温来温暖冰凉的床褥，直到被子变得温热了，他才请父亲来睡觉。不仅仅是这样，在夏天的时候，炎热的天气令人难以入眠，这时黄香就用蒲扇把床上的席子扇凉后再请父亲睡觉。

一个九岁的孩子尚能如此关爱孝敬父母，岂不让众多成年人自愧不如！从这里可以看出黄香对父亲的关爱，这些体现在细枝末节上的亲情足可以击退世上任何可怕的严冬，令肃杀的冬季开出馨香的花朵。而且，一个能够

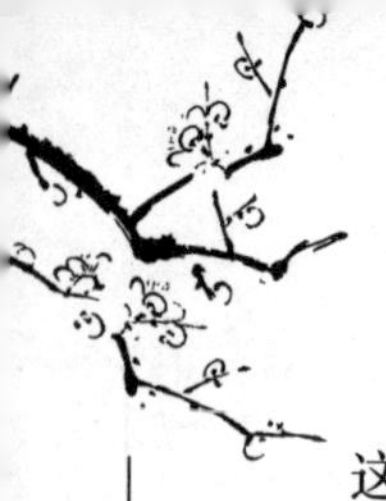

这样在细节上照顾父母的人在平时一定也是非常孝顺的，一定不会表现得顽劣而执拗，也一定不会以顶撞父母为乐事，这样的孩子长大后即便无多大作为，也一定不会庸碌一世，他们的精神本身就是世人奉为圭臬的珍宝，在时间的打磨下永不退色。

《亢仓子·训道》中记载：周文王还是王储的时候孝顺至极。每天早晚必定到父母的寝宫之外，问服侍父母亲的近侍，当天父母的身体状况可好。如果侍从回答好，那么文王就满脸喜悦之情；如果侍从回答不好，那么他的愁苦之情就会整日挂在脸上。我们都知道周文王是一名贤明的君主，他贤明的基点正基于他对父母的孝顺，假如作为一国之君的他连最起码的孝悌之义都做不到，他又如何来教导百姓、安抚黎民、教化万方呢！

过去大户人家都是住在庭院深深的大宅子里，作为一个家庭的统帅者，父母是不经常与子女们见面的。这就意味着子女们的活动不会经常被父母知道。要让父母及时了解子女的行踪，这就要求子女们做到每日晨昏定省，这不仅仅是为人子女应有的礼节，也是对父母应尽的一份孝心，连最微小的地方都会去在乎父母的感受，懂得让父母时时刻刻放心，不让他们过多地操心劳神。这样的子女必定是孝子良臣，于家有望的同时也是国家的栋梁之才。

也许，晨昏定省的深层含义并不在于所谓的“早请示、晚汇报”，那些流于表面的东西都不会长久，更不会深入人心。如果仅仅把它们看做一种仪式，那么它们就失去了自身的意义，变得浅陋不堪。其实它们的真正含义在于做子女的应该多多关心父母的饮食起居和日常生活，也许现在很多人都做不出那个九岁孩子的行为了，但最起码应该关心父母的身体状况，问问父母想吃什么饭菜，在遥远的城市给他们打一个电话，还有他们生日时的一个祝福，望眼欲穿时的一声慰藉……这些简单而平凡的行动都可以深深感动父母年迈的心灵，让他们饱经风霜的脸上绽开世间最甜美的笑意。

孝顺是会传染的，你懂得孝顺你的父母，在晚辈面前树立一个无言却光辉的榜样，等你上了年纪后，你的子女自然也会像你当年孝顺你的父母一样来孝顺你。反之，情况就是很不妙的。不要忘记了，你是祖先后人的同时，也是后人的祖先，你的一举一动都将写入你家族的史册。

给父母一个幸福的晚年，不要总期盼着当自己能够呼风唤雨、权倾朝野之时再来关爱他们、孝顺他们，也许你真的有那么一天能够功成名就、荣归故里，但是你等得，父母等不得。趁着他们身子还硬朗，思维还清醒，就多让他们感受一些来自晚辈的关爱吧，不要让他们苍凉的泪水挂满沧桑的脸庞，也不要让悔恨的痛苦写在你步入中年的脸上。

4 不忘禀父母，莫让长辈挂记

《弟子规》中说道："出必告，反必面；居有常，业无变。"意思就是说：出门之前一定要禀告父母自己即将出门，并且要把大体行程与父母说清楚，以免父母牵挂忧心；而回到家之后，也要告知父母自己已经平安回到家了，让父母放心。

古人常说："儿行千里母担忧。"这句话是不无道理的。儿女是娘身上掉下来的肉，天底下没有不疼儿女的父母。孩子远行，父母虽然不舍却也阻拦不住，只能远远地站在月台上，望着渐行渐远的火车，满腹凄怆之感。孔子曾经说过："父母在，不远游，游必有方。"意思就是说，当父母在世时，最好不要打着各种幌子去云游天下，要知道子女的一言一行无时无刻不在父母的关注范围之内，子女哪怕受了一点皮肉之伤，做父母的都会心疼得不知如何是好，更何况出门远游了。尤其是那交通和通信设施都极不发达的古代，孩子每走一步，爹娘的心就被揪紧了一下，走得越远，揪得就越紧。待到行至天涯海角，游子回望故乡之时能否感觉到亲人对自己的声声呼唤，能否感觉到遥远的家乡里，母亲的那种望眼欲穿！

孟郊的《游子吟》写得真切，"临行密密缝，意恐迟迟归"。两句诠释了一位母亲怎样的心情，那种盼望儿子出人头地的同时又不愿意看到儿子离家漂泊的无奈心态跃然纸上，令读者挥泪扼腕！

战国时期的聂政是一位大侠士，他对自己的母亲非常孝顺。自从他的父亲去世之后，他就一直和母亲生活在一起。鉴于他侠士的身份，总是有人来请他来做行侠仗义之事，希望他可以出面打抱不平、伸张正义。然而，为了不让母亲担心，聂政都婉拒了这些人。这些人不认为聂政是由于怕母亲担心而不出山，他们意识不到孝道其实是一位侠士最为可贵的精神内涵，反而都认为聂政是由于贪生怕死不敢出山，他所谓的名声也是欺世盗名而已。

就这样过了几年之后，聂政的母亲去世了，聂政安葬了母亲之后就离开了家，替朋友行侠仗义去了。母亲已殁，聂政了无牵挂，在一次任务中以身殉职，再也没有回来。

有人总喜欢在人前标榜孝道，喜欢用一些听起来精深晦涩的理论来把自己武装得像个道学先生般神圣不可侵犯；也有人因为做下对国家不忠的行为而大谈孝道，企图用孝道的影子来遮住不忠的污点。其实这两类人根本就不懂什么是真正的孝道，真正的孝道不是那些深奥晦涩的长篇大论，不是古书上讲的诸如“郭巨埋儿”之流的愚民典范，至于那些以为封妻荫子、凤冠霞帔就可以让父母喜笑颜开的人，就更加鄙俗不堪了。真正的亲情是无价的，它的建立不会以任何物质为代价，即便是穷得家徒四壁，只要有亲情存在，一家人也可以过得其乐融融。说到底，父母之乐在于子女，尤其在于子女的健康平安，聂政作为一介侠客，从来就不将自己的生命视为珍宝，但为什么他开始会拒绝别人，就是因为他知道“身体发肤受之于父母”的道理，他是在替他的母亲活着，为他的母亲活着！当今之人，又有几人能够做到此等境界呢！

既然出行有常，那么对于职业的选择也就有了一些要求。“居有常，业无变”对于古人来讲可能比较现实，农民就是从生到死守着一亩三分地，过

着日出而作、日落而息的日子;书生就守着书本,过着两耳不闻窗外事,一心只读圣贤书的日子;至于商人的生活似乎就更加有规律了,低价买入,高价卖出,一生都在为这点差价而奋斗。三类人基本上就是各自在各自的轨道上,直至天荒地老。而这对现代人来说,似乎就有些牵强了。天大地大四处是家,自打从贫瘠的家乡一头扎进了大城市,灯红酒绿晃乱了眼睛,工作上也通常是这山望着那山高,在一个岗位上待不了多久就开始频频跳槽,害父母也跟着担心……其实话说回来,跳槽本无可厚非,人往高处走是自古至今不变的定律,没有人愿意把自己困在一个毫无前途的地方待一辈子。但是如果跳得太频繁似乎就说明一个问题了:你这个人的心太过浮躁,根本就不能沉静下来,谦虚地去学习一些事情,总是把光阴浪费在毫无意义的频繁跳槽中。而且,在这个信息技术相当发达的世界里,游子不论是工作还是跳槽,都需要牢记一点:如果不是什么要紧的大事,对于父母最好是报喜不报忧。你要明白,工作上的不顺是常有的,一旦遇到不顺就抄起电话向家里哭诉,你哭完了觉得此事可以告一段落了,但问题已经完全转移到父母那里去了,你的痛苦再小,在他们那里也是要扩大一百倍的。于是,当你已经完全入睡,父母还在家里愁眉苦脸替你烦恼。这种行为不仅仅是不孝顺,更是一种不成熟的心理,在困难来临之时不懂得勇敢接招,永远都想躲到父母身后去,而没有发现,父母年迈的身躯已经没有能力为你遮风挡雨了,接下来的岁月里,你已然成了这个家的主心骨,不管你是否愿意。

孩子长大了必然要懂得如何让父母安心、舒心。只有懂得孝敬父母的人才能得到社会各界的尊重;只有懂得如何安父母心的人才配去担当社会上重要的任务;只有懂得体贴父母的人才有可能成为好丈夫或者好妻子,继而成为好父母。

5 不要任性妄为，让父母忧心

《弟子规》中讲道："事虽小，勿擅为，苟擅为，子道亏。"它的意思就是说：做子女的如果要处理事情，哪怕处理的是小事，也应该向父母及时禀告而不应该擅自做主。如果任性而为的话，就很容易出错，同时也有损为人子女的本分，而因此让父母担心或是伤心，都是不孝的行为。

为人子女，从小都在父母的庇护下长大，那些有着垂髫之乐的童年时代渐渐远去，孩子对于父母的依赖也越来越少了；同时，父母在孩子的眼中，从一个无所不知的巨人慢慢退化为一个时常犯错并且还有点跟不上时代的老顽固，孩子眼中崇拜的神色渐渐褪去，只留下了一地的任性甚至还有蔑视。其实如果要这样认为就有些偏激了。父母历世几十载，用句俗话说就是"吃的盐比子女吃的饭还要多，走的桥比子女走的路还要长"。他们之所以缄默不语，是因为他们更想把这个独立权让给孩子，毕竟孩子大了也要经历风雨，也要锻炼自己去独当一面，也会有 天将成为另一个家庭的脊梁。所以基于这些原因，父母在很多时候都表现得十分内敛、十分含蓄，然而正是他们这种内敛和含蓄却换来了子女的不理解和轻视，这是何其悲凉的一件事！

三国时期，刘备临死前把自己的傻儿子交给了丞相诸葛亮，还写了一封信留给儿子，上面说道："勿以善小而不为，勿以恶小而为之。惟贤惟德，能服于人。"意在教育儿子不要因为一件坏事非常小就可以去做，也不要因为

这件善事非常不起眼而去忽视它，总之，有了好的品德，懂得任人唯贤才能够让大家信服，也唯有这样才能把国家治理好，成为一代明君。刘备死后，诸葛亮成为蜀国的后盾，刘禅在诸葛亮的辅佐下没有出什么大的失误，蜀国虽然四处涉险，但还是坚强地挺立于三国之中。后来诸葛亮死了，刘禅开始宠信宦官，任用小人，不断地放纵自己，他忘记了诸葛亮临终时的嘱托，使得祖宗创下的基业毁于一旦，当他的国家最终被曹魏所灭时，他自己也成了俘虏。

在刘禅的潜意识里，一定也存在着想挣脱诸葛亮束缚的意识吧！要知道，刘备去世时，刘禅还只是个十七岁的孩子。现在来看，十七岁的孩子正处于青春叛逆期，最不愿意听长辈的话，最喜欢和长辈对着干。古代孩子的家教甚严，虽然不至于做出什么太出格的举动，但他们的叛逆心理恐怕还是存在的。年少轻狂的刘禅一定觉得，自己好不容易才得到了江山，却要时时刻刻听从诸葛亮的指派。他意识不到诸葛亮所做的一切都是为了刘家的天下和蜀国的江山，他觉得这个板着脸的老头今天不许他这个，明天又禁止他那个，虽然都是用一种极谦恭尊敬的语气，而且是以奏折的形式呈现在他眼前的。但这个“相父”的形象的确太可怕了，比起那些令他开心，可以供他取乐的奸邪小人们，刘禅的心开始倾斜了。于是他开始频频听从小人的教唆，甚至因此和诸葛亮之间产生嫌隙。如此一来，诸葛亮的良苦用心便付诸东流了。蜀国的江山开始风雨飘摇了。

刘禅的固执和偏颇葬送的不仅仅是自己，更是祖宗打下的江山，是先烈们创下的基业！甚至在国破家亡之时，他想都没想就要去敌国俯首称臣，丝毫不觉得亡国奴的身份有多么悲惨，也对昔日的国君变成阶下囚的事实丝毫不在意！他的思想觉悟甚至不如自己的儿子北地王刘湛和那两个年幼的小孙子！也终究酿成了在曹魏被众人取笑的滑稽局面。一句“此间乐道，不思蜀也”足以令九泉之下的诸葛亮和五虎上将们心寒。

由此观之，刘备的教导算是白费了，对他的宝贝儿子丝毫没起作用。假若刘禅能始终坚持诸葛亮的方针，也不至于输得这样一败涂地。

现在人们常说“早请示，晚汇报”，大家都认为这是对领导而言的，其实不然，对父母也应该如此。当然，这种做法不必做得十分拘谨小心，如果那样的话就流于形式，而体现不出真正的内容。做子女的应该多与父母沟通，至于原因，就如本文开头提到的那样，父母的经历远比你丰富得多，多听听长辈的话不仅不会有错，反而会对你的前途有帮助。至于方式，完全可以凭借自己的意愿去选择，看电视时、闲聊时、晚饭时都是很好的沟通时机，父母并不在乎你怎样与他们沟通，更不会在乎什么时间与他们沟通，只要你肯说，他们随时随地都愿意做一个倾听者。他们最在乎的就是你愿意把心中的话向他们说出来，他们可以融入你的世界，并且真心地为了你的未来出谋划策——这才是他们最想要的礼物。

收起那些已经不属于成年人所谓的“率性而为”吧，多和父母交谈沟通，你收获的东西会超乎你的想象。

6 不要背着父母私藏任何物品

《弟子规》中讲道："物虽小，勿私藏；苟私藏，亲心伤。"意思就是说："无论东西有多么不起眼，都不要偷偷地私藏起来；如果私藏东西被父母看到了，他们一定会非常伤心。"古语有言，人为财死，鸟为食亡。从这句俗语中能够看出人在面临诱惑时产生的贪念，平日里作风多么正派的君子，在灿烂的黄金白银面前都有可能被晃得找不到方向，一不小心就迷失了人生的方向。父母养育你一回，有道是养儿防老，但你栽了跟头，不仅防老没指望了，还可能反过来要养你一辈子，静思之下，于心何忍！

东晋有位贤臣叫陶侃，从小聪明好学、品行端正，深得同窗及老师的喜爱。长大以后的陶侃担任了管理渔业的小官吏。干这一行本身就没有什么油水可捞，最多也只不过能免费吃到些鲜鱼罢了。这一年，他收到了一坛腌咸鱼，尝了尝觉得味道极好之后便没有舍得吃，托人把这坛鱼带给了自己的母亲。没想到，母亲却让人把这坛鱼原封不动地退了回来，并附上一封信。信中说："你是国家的官吏，领的是朝廷的俸禄，怎么能用公家的东西来孝敬自己的母亲呢？虽然这只是一坛咸鱼，但也是为官不廉的表现啊！"陶侃深深地记住了母亲的慈训，从此他更加勤政爱民，两袖清风，最终成为晋代有名的清官，深受百姓爱戴。

子女的行为在很大程度上体现了父母对其教育的程度，而在某种程度上也体现出父母以及这个家族的整体素质。所以当某个孩子做了不光彩的事情后,周围的人会把鄙夷的眼神投到整个家族上面,令整个家族为之蒙羞。所以身为子女的人们一定要牢记:你不仅仅为了你自己而活着,你的生存也代表了整个家族的荣辱兴衰。

故事中的陶侃仅仅是带给母亲一坛子咸鱼而已,这值不了几两银子的东西尚且招来母亲的斥责,如果他像和珅一样把国家的银库挖了个底朝天,他的母亲恐怕早就把他逐出家门了!在这里我们能够看出,陶侃虽然占了点公家的便宜,但知错能改,善莫大焉,也不失为一个好官。而他的母亲明道理、辨善恶,就更是伟大母亲的代表。她懂得"勿以恶小而为之"的道理,明白应该把儿子的错误及时扼杀在摇篮里,哪怕是极其微小的错误也不能放过。因为她懂得任何一个看似微小的错误都有可能把自己的儿子引向歧途,古人说"不知死之悲便不知生之欢"很有道理。不学无术且妄自尊大的人往往总会摔得很惨,究其原因,就是因为他们占惯了小便宜,不知道便宜也会咬了手。到头来不仅让自己深陷囹圄,连自己的父母也都跟着丢脸。

其实关于这方面的问题,不仅孩子要注意,就连家长都是脱不了干系。现在的孩子多半生活在一片溺爱之中,从小只要想要什么几乎就没有得不到的。这样的生活方式就决定了他会养成一种骄横跋扈且贪婪的行为习惯。看见自己喜欢的东西,就想得到,这样的行为习惯会给他们以后人生的道路增添很多不便,甚至是障碍。你的路走不通了,你的心情一定会低落,而你的父母就更加忧心如焚。要知道子女的痛苦在母亲那里是会加倍的!

所以,子女孝顺父母的一种方式就是:不要为了一丁点的得失而大放厥词、大哭大闹,总是一副不达目的誓不罢休的劲头儿。孩子长大了,也应该

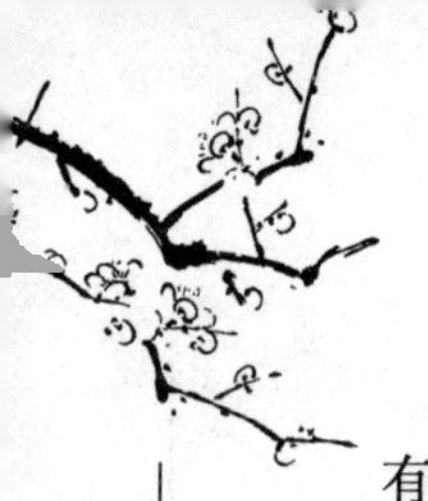

有是非曲直的判断标准和自己的人格底线。当面对诱惑时，更应该头脑清醒，树立一种足以抵挡诱惑的天然屏障。爱自己的父母，不仅仅要让他们吃饱穿暖，更重要的是要理解、体贴他们的心。只有这样做，才可能在往后的路程中显得游刃有余，仪态万方。而让父母的眉头舒展开来则是给他们最好的礼物！

7 要尽力满足父母的喜好

《弟子规》中讲道："亲所好，力为具；亲所恶，谨为去。"意思就是说："对于父母亲喜欢的东西，就要尽全力帮他们准备好；而对于父母亲所讨厌的东西，就要小心地帮他们拿走。"这一节的宗旨就是，要尽量顺从父母亲的心意，并且满足他们的喜好，不可故意惹他们生气。

我国向来都是礼仪之邦，对于孝亲敬长这方面的要求就更为严格。几千年的封建王朝史总结下来不外乎两个字：忠孝。忠是对于国君而言的，在这里姑且不论。而孝是真正对于长辈而言的。父母含辛茹苦地拉扯儿女长大，上了年纪后有些嗜好或是怪癖都是正常的，作为儿女的都应该尽力去理解并且满足他们的心愿，不要故意逆着他们的心意。

郯子是我国古代的一位大孝子，他对于自己的父母非常孝顺。他的父母亲年纪都大了，身体状况也随着年龄的增长而越来越不好，不久，他们的眼睛失明了，看不见任何东西。郯子对于父母的状况感到忧心忡忡但又毫无办法。有一天，他听说鹿乳对恢复视力有好处，虽然他对这个消息的真实性不得而知，但是郯子仍为之兴奋异常，决心试一试。郯子来到山上，能够远远地看到鹿群在吃草，但是他无法接近他们。冥思苦想之后，他买到了一张鹿皮，披在身上后混进了鹿群中，郯子的耐心终于获得了回报，终于有一天，他弄到了苦心期盼的鹿乳。并把这些珍贵的鹿乳拿回家带给父母。不

知究竟是鹿乳的作用还是郯子的孝心感动了天地，他父母的眼睛在一段时间之后竟然重见光明了。而且他们的身体状况也越来越好，于是郯子鹿乳奉亲的故事也就传遍了天下。

其实，古代类似于这样的故事还有很多，最典型的比如“王祥卧冰”，这是《二十四孝》中的一个故事，讲的是王祥的父亲在重病弥留之际想要吃鱼，但是冰天雪地的季节里哪里有鱼呢！王祥为了满足父亲的愿望，就跑到冻得严严实实的河面上去，脱了衣服躺在上面，用身体的温度融化了冰面，给父亲弄来了鱼。这个故事听起来封建教化的成分更浓厚些，难免让人觉得不舒服，满足父母的愿望也应该建立在不损害自己生命的前提下。

然而郯子的精神还是很值得后人学习的。毕竟鹿还算是温顺的动物，不会对他的生命构成威胁，而鹿乳的获得也不需要付出生命的代价。这样既顺应了父母的需求，也保护了自己的安全，这种孝亲形式是值得发扬光大的。《孝经》上说：“身体发肤，受之父母，不敢毁伤，孝之始也。立身行道，扬名于后世，以显父母，孝之终也。”在任何时候以任何原因导致自己的身体受到伤害都是不孝的行为，为人子女应该懂得，每一位父母都希望自己的孩子生活得好，孩子受到的伤害在父母身上是会加倍的。所以如果不想让父母痛苦，那么就要讲究孝顺父母的方式和方法，不要伤了自己令他们伤心。

在满足父母物质需求的同时，也不要忽视了他们对于精神层面的需求。可以说，每一位父母在上了年纪后，在吃饱穿暖之外对于那些高端的物质层面的东西需求不大，但对于子女的言行、思想以及生活层次他们却是十分关注的。这就要求为人子女的要处理好自己的各项事务，努力规范自己的言行举止，懂得韬光养晦、和善待人，不要像个街头泼皮无赖一样，与人家一言不合就大打出手，这样不但伤了父母的颜面，同时也伤了他们的心。

我们作为子女，就应该在关爱父母的同时也对自己的身体和行为负责任，对自己负责就是在孝敬父母，父母最大的心愿就是看着自己的孩子过得比自己好，所以我们也要努力地圆他们这个梦才对。从这一点上看，现在的年轻人似乎越来越不让父母省心了。社会和生活以及学校的压力越来越大，孩子们的身心健康也或多或少地受到影响，价值观也被扭曲了，这使得他们逐渐向邪路靠近，而此时的父母一定是最伤心的，因为孩子才是他们在这个世上最好的礼物，无论用什么来和他们交换，他们都不会换的。然而他们最爱的孩子出了问题，这一定会让他们十分痛苦，所以作为子女，首先要注重培养自己健康完整的价值观、人生观，树立让自己能为之奋斗的终身理想；其次就是养成一个良好的习惯，让这个好的习惯去成就一种命运；最后是要学会终生学习，学习是永远不会过时的一种行为，不会学习的人终究会被时代潮流所抛弃，只有终生学习的人才有能力为自己的理想添砖加瓦。

古人云："求忠臣必于孝子之门。"一个能时时刻刻以孝道自励的人才会是一个有道德操守的人，一个有目标的人，一个能够报效国家的人。

8 规劝父母要语调柔和，不烦不躁

《弟子规》中讲道："亲有过，谏使更；怡吾色，柔吾声。谏不入，悦复谏；号泣随，挞无怨。"意思就是说："如果父母有了过错，做子女的一定要规劝他们改正错误。在规劝父母的时候，子女应该做到和颜悦色，声调也要柔和。而如果父母亲不肯采纳的话，就在他们高兴的时候再去劝谏他们。在劝谏父母的时候，应该诚心地恳请他们改正，并且由于伤心而痛哭流涕、悲伤呜咽。而这个时候如果父母因为生气而责打自己的话，也不应该怨恨父母。"

人非圣贤，孰能无过！父母虽然是历经了无数风雨的人，但是犯错误还是不可避免的。犯了错误而不自知时，为人子女就应当及时劝谏，以免父母在错误的路途上越走越远。但如果在多次劝谏之后，父母仍然一意孤行的话，那么子女就应适可而止，毕竟恭敬不如从命，父母年纪大了，有些东西他们认准了就不肯轻易回头，做子女的还是要一如既往地孝顺他们、照顾他们。

古时候，有位叫乐羊子的人在外求学，在此期间，他的妻子在家里操持家务，还要照顾年迈的婆婆。有一天，邻居家的鸡误入乐羊子家的院子，乐羊子的母亲见状，就把鸡捉住了，杀掉之后做成了菜。到吃饭时，乐羊子的妻子对着鸡暗自落泪，婆婆好生奇怪，就问她为什么要哭。乐羊子妻说："我难过是因为我们家里实在太穷了，连一个像样的菜都没有，所以还要杀掉别人家的鸡来果腹。"婆婆听到这里，顿觉羞愧难当，于是把鸡倒掉不肯再吃了。

可以看出，乐羊子的妻子是个聪明睿智又知书达理的女人。她知道非礼勿动的道理，并且在婆婆有过失时把道理委婉曲折地讲给她听，既让婆婆意识到了自己的错误，又保存了婆婆作为一个长辈的体面，可谓一举两得。试想一下，如果乐羊子的妻子看见婆婆吃别人家的鸡就大为光火，顿时破口大骂："你怎么吃别人的东西，我的脸都被你丢尽了！"此话一出，一场婆媳大战恐怕就在所难免了，而和谐的家庭气氛也就被破坏掉了。

曾子曾经问孔子："如果要敬爱父母，让他们过得安逸快乐，就要一切都听从父母的吗？"孔子听后惊叹地回答："怎么可以这么说呢！天子有七位敢于直言的大臣，那么天子虽然偶尔犯错，但也不至于亡国；诸侯有五位直言的大臣，即便有过错，也不会失掉他的国家；大夫若是有三位敢于直言的部下，就不会令自己的家族覆灭；士人若有诤友在身旁，他的名誉就不会受损；同样，做父母的，若是有敢于披露他缺点的子女，他就不会陷于不义之中。如果子女都不能劝谏父母的话，怎么称得上是孝道呢！"

如此我们可以得知，父母有错，子女须规劝。一味地顺从并不代表对父母的孝顺。在劝谏父母时要注意语气和态度，要注意在温情的家庭氛围中让父母改正错误。当今社会的压力变大了，很多晚辈在外面需要忍气吞声地面对上司，需要一脸和蔼地面对同事，需要以讨好的心态面对客户。他们觉得自己在外面受了太多委屈，所以家才是他们发泄的地方。于是，一回到家里，马上进行角色转换，父母无错还好，一旦有错，他们马上就像是教训孩子一样教训起父母来。丝毫不顾及父母内心的感受。平日里温文尔雅的样子荡然无存，取而代之的是一副凶神恶煞的面孔和歇斯底里的声调，的确令

人心寒。

《礼记》中说:“父母有过,谏而不逆。”父母有了过错,子女就进行劝谏,但是在劝谏的时候要针对错误而不是针对父母本人,态度委婉谦恭,不可对父母显露鄙夷的心态。否则这就是亲情关系被撕裂的开始,一旦这样的事情发生,你的家庭关系就不会再那么和谐了。我们和父母的血缘亲情是无论何时,以何种原因都不该被扯断的。

当然,当我们尽了自己最大努力之后,也无法使得父母回心转意,那么就由着他们去吧,只要不是什么原则上的大错误,一些生活上的琐碎事情,就按父母的心愿去办也未尝不可,只要结局无伤大碍即可。我们要多想想父母的优点,多想想他们曾经经历的艰辛和不易,这样的话,我们的心情就会平静下来,也不会再对父母产生嫌恶和怨恨之心了,这样才能真正地去爱他们。

而这种发自内心深处的爱,才是为人子女应尽的本分,也是一个幸福家庭的源泉。

9 父母生病时，子女应亲自关怀、照料

《弟子规》上讲："亲有疾，药先尝；昼夜侍，不离床。"意思就是说：如果父母生病了，吃的药子女要先尝，目的就是要看看是否太苦、太烫；不仅如此，在父母生病的过程中，子女也要衣不解带、日夜守在他们身旁。

汉朝时，汉文帝虽然贵为帝王，但也非常体贴自己母亲。每天无论朝政多忙，都要亲自去母亲宫中请安。当他的母亲生病时，汉文帝就衣不解带地守在母亲的病榻前，时时刻刻照顾着母亲。母亲一旦要吃药了，他就会先把药碗端来，亲口尝尝药是否太烫，然后再喂母亲吃。都说久病床前无孝子，但在母亲生病的整整三年里，汉文帝几乎未睡过一个安稳觉，他的故事也被传为千古佳话。

一位身系天下的皇帝尚且能在百忙之中抽出时间来照顾自己的母亲，能够放下自己尊贵的身份，亲力亲为地照顾母亲。在深宫之中，一定不乏太监宫女来照顾皇太后，然而皇帝自己却明白自己的身份，地位再高，也是母亲的儿子，母亲有疾，做儿子的就一定要陪在身旁，虽然不能减轻她的病痛，但是至少能从精神上给她莫大的支持和安慰，让她有了对抗疾病的勇气和信心。古往今来，这样的皇帝不在少数。清朝康熙皇帝也是个十分孝顺的角色。在他的祖母孝庄太皇太后病重的一个多月里，他就在祖母的房间里另支起一张床，这样可以随时伺候祖母。在此期间，他对大臣们说，如果没

有重大的事情，就不需要奏报了。孝庄太皇太后在气息奄奄之际抚着他的背说，如果天下人都像皇帝一样孝顺就好了。

当时的清朝版图十分辽阔，而且整个国家都处在危机和可能的战乱之中，面对这危机四伏的气氛，康熙皇帝毅然决然地决定留下来照顾祖母，并不仅仅因为祖母在他执政之初给了他莫大的支持，更重要的是，他把中国几千年的孝道融汇到了自己的思想里，并且身体力行地去对待自己的亲人。

现代社会里，有些老人们因为生病而痛苦地躺在医院里，而他们的子女却远在国外、外地而不能赶回来照顾父母，甚至有些儿女就在本地，一听到自己的父母生病了，都避之唯恐不及，还要用自己工作忙这样冠冕堂皇的理由作为借口。事实上工作忙只是表象，实质还在于心中是否始终挂念着父母。殊不知，亲生父母只有一双，一旦酿成悲剧便是终身的悔恨，永远挥之不去！

《诗经》中说，唐棣花啊，像对我招手一样摇摇摆摆多漂亮。不是没有想念你啊，实在是路途太远了！孔子回答说，还是没有真心想念，如果真心想念，有什么远的？的确，还是没有真心想念，一个人想要见到父母的强烈意愿是不会被任何客观条件所阻隔的，只要你想要守在父母身旁，那么就一定能守在他们身旁，任何困难都会不在话下。

《大学》中讲道："为人子，止于孝。"也就是说，为人子女，最高的境界就是做到了孝道。一个孩子再敬业、再能干，如果对自己的父母都不懂得加以怜惜，那么无论他多么优秀也都变得丑恶了。特别是在老人晚年身体不好时，他们需要的不是子女给他们带来的鲜花和荣誉还有掌声，他们只是想让孩子陪在身边坐一会儿，聊聊天、说说话，最主要的是感受那种久违的家庭气氛，在这样温暖的环境中，他们精神上的满足会缓解身体上的疼痛，也可以达到治病的效果。

然而可悲的是，一些子女是因为工作的关系而永别了父母，一些儿女是由于个人品性问题使得父母过早离去。那些因为老人骨折而对其冷言冷语并且不给老人治疗的儿女们，那些在炎热的夏天里因为担心费电而不肯给老人用空调的儿女们在遭到良心的谴责之外，也必将遭到因果的报应。父母含辛茹苦地把他们养大成人，没想到换来的竟然是病榻前的凄凉。

奉劝世上的子女们，对自己的父母多尽一点孝心，这样才不会在他们走后激起满腹的悔恨；同时也可以给自己的后代做一个好榜样，也防止着后代们学习你的行为，在你老了以后像当初你对待他们爷爷奶奶那样对待你。人们都是有父母的孩子，从小到大，父母在你的身上不知花费了多少心血，连你一个小小的感冒都会让他们提心吊胆，所以我们就更应该好好地孝敬他们，让这个良好的美德传承下去。

10 子女当恭敬，诚心地为父母守孝

《弟子规》中讲道："丧三年，常悲咽；居处变，酒肉绝；丧尽礼，祭尽诚；事死者，如事生。"意思就是说："当父母亡故的时候，子女要守孝三年，并且每日需要以泪洗面，想想父母在世时的音容笑貌就更是悲从中来，不能自已。真是到了子欲养而亲不在的时候啊！并且在守孝期间必须天天吃素食，不可以沾荤腥食物，以此表示对父母的忠诚和敬意。对待去世后的父母的情感和态度，要像对待他们活着的时候一样恭敬有礼。"

父母的养育之恩无以为报，不能期盼来生结草衔环报之，能做到的最实际的事情就是在他们离去后多守候他们一段时间，让他们的灵魂也得到慰藉。而且为人子女所要做的事情也应该同父母活着的时候一样，每天有什么事情应该在父母的灵牌前汇报，做到每日三省吾身，并且要时刻反省父母对自己的谆谆教导，对照着自己每天的行为，看是否有失礼的地方，看是否有悖于父母意愿的地方，如果有，一定要及时改正。曾子曰："吾闻诸夫子，人未有自致者也，必也亲丧乎。"意思是说："我听老师说，人抑制不住悲伤，把伤痛感情全部发泄出来，以至于到达了顶点，这必定是父母离去的时候。"平常的岁月里，即便有再大的悲伤也都可以忍受，都可以笑脸相迎，但唯有父母去世时的那种剧烈的悲痛能把人压得喘不过气来。在日后很长的岁月里，每当忆起去世亲人的脸庞，那种痛苦的感觉就会在心里重演，他们好像还活在世上，就像在某个角落里默默地注视着你的一举一动，默默地关心着你的一言一行。然而你却看不见他们！每思及此，伤心欲绝。这种空荡荡的感受是没经历过的人感受不到的，也不会理解的。

《中庸》中讲："三年之丧，达乎天子，父母之丧，无贵贱一也。"从这里我们可以看出，为父母守丧三年，这种制度是从百姓延伸到天子，无论哪个等级都不能逾越的。正如上面提到过的，我国古代礼制规定，父母去世要守丧三年，而其原因是什么呢？古人认为，孩子生下来三年之久，才可以离开父母的怀抱，能够自己独立行走，自己吃饭，让整日疲惫不堪的父母松一口气。所以作为一种报恩行为，父母在去世后，子女也要守在一边，保证三年不离开。

孔子有个学生叫宰予，宰予曾经问孔子："老师，守丧三年，时间是不是太长了？宰予三年都不能学习礼仪，礼仪制度一定破坏了；而三年不学习音乐，音乐制度也破坏了；旧粮食吃完了，新粮食又收成了；钻木取火改换燃料，这样说来，世间事物都是一年一个轮回，那么说来，为父母守丧，一年就足矣了。"孔子听后，只淡淡地问了一句："当你吃着大米，穿着绫罗绸缎的时候，能够安心吗？"宰予出乎意料地回答："安心。"孔子说："你心里安宁，那就照你说的去做吧。君子在服丧期间，即便是吃着山珍海味也是味同嚼蜡，听着好听的音乐也不觉得快乐，住在舒适的屋子里也不觉得舒适，所以君子不可能像你那样做，如果你觉得心里安宁而不受谴责，那么就去做吧。"在宰予出去之后，孔子痛心地说："宰予不仁啊！为父母守丧三年是天下公认的丧期，难道宰予没有在父母怀中的三年之爱吗？"

从这里能够看出，孔子不仅仅是对于宰予的不满意，更是对于整个社会风气的不满意，要知道，宰予在当时算是个官员了，一个官员尚且如此，又怎

么能给天下百姓做出表率呢！然而孔子还是幸运的，他苦苦追求了一辈子的周礼，在他去世之后，他的学生们也没有令他失望，他们像是失去父母一样悲痛，很多学生在孔子的墓前盖间小房子，陪着自己的老师度过了三年清心寡欲的时光，更令人感动的是，子贡为老师守丧六年。

《颜氏家训》中说：有个叫陆襄的人，他的父亲被杀害，陆襄就终身只穿布衣、吃素餐，哪怕是菜里有用刀子切过的生姜，他都不肯食用，所以他家的厨房里做菜从来都是用手掐断，而不是用刀切。这样缅怀长辈的心情固然能够得到后人的理解和敬仰，但是如果因为对父母的怀念而把自己的身体弄得羸弱不堪也是完全没有必要的。制度是人定的，清代康熙皇帝和孝庄太后的感情非常之深，然而在孝庄死后，康熙在为难之时还是听从了大学士张廷玉的建议，不必拘泥于三年体制，而是守"心丧"，所谓心丧就是在心中对已逝亲人的怀念。康熙在孝庄重病时曾衣不解带地伺候，相信不会仅仅因为公务缠身而无法守丧，就断定康熙的人品有问题的。

父母的身后之事固然重要，但最重要的还是在他们生前好好地孝敬他们，不要让自己留下遗憾才好。

出则悌

1 兄弟之间要谦恭礼让，互相爱护

《弟子规》中讲道："兄道友，弟道恭。"意思就是说，在一个家庭里面，做哥哥的要爱护弟弟，做到亲善友好；而做弟弟的也要尊重哥哥，对哥哥谦恭有礼。诚然，人与人之间要懂得互相爱护、彼此尊重，这才能称之为和谐的人类社会。中华民族自古以来便是礼仪之邦，恪守着忠孝、和睦、礼让的传统美德。同时，这也是我们做人的基本准则，在家里要懂得孝敬长辈，友爱兄弟姐妹；在学校要懂得关心同学老师，热心地去帮助别人解决困难；在社会上要遵守社会公德，规范自己的行为，文明行事。只有这样，我们这个拥有五十六个民族的大家庭才能越发生机勃勃，呈现出美好和谐之态。

孔融是东汉人，他的家里有兄弟六人，他年龄最小。然而这并不能影响他做到谦恭谨让的境界。据说在他四岁时，父亲拿来很多梨请他们兄弟几人吃，他的五个哥哥一下子拥到了桌子边，眼巴巴地望着桌上的梨，每个人都想挑个最大的。然而，只有孔融静静地站在一边。父亲见孔融这样，就让他先挑，然而孔融走到桌旁，拿起一个最小的梨。父亲煞为惊奇："你为什么挑个最小的呢？"孔融扬起稚气的脸说："我年纪最小，理应拿小的，而大的应该留给哥哥们吃。"父亲听后连连赞叹，很为自己儿子这种谦让的风度感到自豪。

比起四岁幼弟的谦恭礼让精神，几位稍稍年长的哥哥可能要羞愧一番

了。而孔融也不愧是个出类拔萃的孩子,无论是在智谋或者是情商上面都高于同龄孩子一筹。虽然他最后死于曹操的刀下,但是他的这种礼让精神还是流传到后世,让万民敬仰。

其实历史上还有很多类似于孔融让梨的故事。比如唐代的李绩,他当时已是一位非常显赫的将军、一位帝王十分仰仗的权臣了,然而如此位高权重的他还是不忘照顾自己年迈的姐姐,甚至为他姐姐亲自下厨煮饭。一次,风把火苗吹起来了,火苗蹿上来烧了他的胡子,胡子都烧焦了,李绩还是很宽慰地笑笑,没有任何怨言。我们试想一下,李绩也是一把年纪了,在自己已经衰老的岁月里依然不忘照顾姐姐,亲自下厨为姐姐煮饭,博得姐姐开心,这种行为本身已经很令人感动了,而最后自己意外受伤时还能那样淡然如初,不给姐姐增添经济负担,这样的精神就更令人欷歔不止了。因此也更令人敬仰。

我们都知道,这个社会是一个群居形态的领域,没有人可以一个人离开社会而生存。就算是鲁滨逊,也是解救了星期五来与他做伴。所以既然要与众人相处,就必须要注意自己的言行举止,这包括我们在家、学校、社会上的所有行为活动,都要特别留心。如果一个孩子在家里连自己的兄弟姐妹都视如仇敌的话,那么他在社会上恐怕也会被看做是一个危险人物,令人难以接近,也就注定了他的孤独。古时候的豪门甚至帝王家里存在着兄弟相残的现象,有道是"一尺布,尚可蓬,兄弟二人不相容",这句话的背景是指那些争权夺利、你死我活的时候,这样的背景年代早已离我们远去了。同一个家庭里不存在彼此相吞的现象,落地为兄弟,更何况身体上流淌着一样的血液,又有什么理由不彼此友爱呢!

最重要的一点,兄弟姐妹之间相处的时间往往要比父母长久。与父母有较大的年龄差距，但是与兄弟姐妹几乎是从小玩到大，又从大伴到老的。命运让我们一同终老此生，我们又有什么借口不珍惜这段缘分呢！所以请大家珍惜身边的兄弟姐妹，做到相互理解和包容，也许你们会时而不时地闹矛盾、犯口角，但这都不能成为影响你们感情的原因，因为你们是世界上最亲的亲人。

2 兄弟姐妹和睦相处是对父母的孝顺

《弟子规》中讲道:“兄弟睦,孝在中。”意思就是说:“一个家庭里的兄弟姐妹们和和睦睦、关系融洽,这样也是对父母的一种孝顺方式。”这层意思自然不难理解,在一个家庭里,兄弟姐妹之间的友好相处是很有必要的。如果彼此总是有纷争出现,便会让父母感到伤心难过。而只有弟弟敬爱哥哥,哥哥疼爱弟弟,相互包容爱护,彼此之间存有一种谦恭礼让的心态,一家人才会和和美美地生活在一起,父母才会喜笑颜开,这样一来,作为子女的孝顺之道也就自在其中了。

这就是为人子女应当做到的一个基本准则。古人讲究孝悌之义,其中的“悌”就是指对兄弟姐妹的美好感情,也就是对于孝的一种感情延续。如果说孝就是在善事父母,那么悌就是在善事兄弟,而兄弟和睦也就证明这个家庭的教育成功了。古人在这方面一般都做得非常成功。

古时候,有个孝子叫王祥,在他的生身母亲去世后,他对待自己的后母也非常的尽心尽力,然而他的后母是个毒辣的女人,对于丈夫前妻的孩子非打即骂,没有一点儿好脸色。这一天,后母又在支使王祥干重活而不肯给他饭吃,王祥同父异母的弟弟王览站出来了,要求和哥哥一起干活,哥哥不吃饭,他也不肯吃饭。后母虽然心狠,但对于自己的亲生儿子还是百般疼爱的,见亲生儿子挨饿,心里不好过,所以就妥协了。更夸张的是,后母看王祥实在是不顺眼，就在酒里下了毒，想要把王祥毒死，然而王览知道酒里有毒，就去抢哥哥的酒，想要自己替哥哥去死，后母情急之下打翻了酒，进而更加讨厌王祥。

在王祥娶妻之后，后母又开始变本加厉地虐待王祥的妻子，这时候的王览就表现出一种更加难能可贵的精神：和哥哥嫂嫂一起受罚，而王览的妻子也同丈夫和哥嫂一起受罚。夫妻同心，兄弟同德，这对同父异母的兄弟做到了。后母的心也是肉长的，看见儿子媳妇们这样和睦，也从来不计较自己的蛮横无理，依然对自己很孝顺，这个女人的心也就慢慢被感化了，最终变得善良起来，一家人得以幸福地生活在一起。

从故事中我们可以看出来，王祥的孝心固然难得，而王览的孝心就更为宽广了，他不仅敬爱自己的母亲，而且还珍爱自己的兄弟，可谓贤人也！后来王祥做了太保，而王览的官做到了更高，以至于到达了三公的地位。也许大家都明白了，王览身上表现出来的是一种大孝精神，为了哥哥，他可以去抢一杯毒酒，可以用自己的生命去挽救哥哥的生命，他爱自己的兄弟到了为他死都甘愿的程度，这样的精神又怎么会不让他那顽固的母亲觉悟呢！史书中记载王览是九代公卿，也就是他的子孙九代都是当大官的，我们非常熟悉的王羲之就是他的第五世孙。从这里我们能够看出他家族的兴旺程度，而这种兴旺程度也是和他高尚的品行分不开的。

一家里的兄弟姐妹不和，往往会令做父母的十分挠头。你争我夺的结果就是伤透父母的心。兄弟姐妹之间相处应该注意培养彼此之间的感情，而不是把眼光都放在财产上面，要懂得互相谦让，避免矛盾的激化，从而避免怨恨的产生。财产这个东西自古以来就是离间感情的帮手，无论是兄弟还是朋友，如果对财产看得太重，必然就会导致感情天平的失衡，乃至最后

的崩塌。所以兄弟之间一定要明白,金钱可以买来房子,但买不来家的温暖;可以买来片刻偷欢,但买不来家人的天伦之乐。如果把所有注意力都放在金钱上面,就注定了这个家最终的分崩离析。

再者,兄弟姐妹之间难免产生小矛盾、小摩擦,这些都无可厚非,自己的牙齿还经常咬到自己的舌头呢!一家人生活在一个屋檐下面,这些都是避免不了的。所以在一些无伤大碍的问题上,兄弟姐妹之间就应该彼此谅解,没有必要为了这些鸡毛蒜皮的小事较真而伤了和气,谁对谁错都不重要,重要的是,你们是一家人,要永远生活在一起。

为了父母而营造出这样一种安宁祥和的生活气氛,这其实就是对父母的最大宽慰,家里平静了,父母也就安心了,也就可以安度幸福的晚年了。这也是为人子女应尽的义务。

3 不看重钱财就不会惹来怨恨

《弟子规》中讲道："财物轻，怨何生。"意思就是说，如果人们都能把财物看得很轻，那么所谓的怨恨从哪里来呢？如果大家都能做到超然物外的话，那么不仅不会觉得吃亏，反倒会因为帮助了对方而欣慰。事实上，这个过程就是人的觉悟上升的过程。

隋朝的时候，有一个吏部尚书叫牛弘。牛弘的弟弟是个嗜酒如命的家伙，而且每次喝完酒就到处发酒疯。有一次他醉酒之后，竟将牛弘驾车用的牛给射死了。牛弘的妻子大怒，在丈夫散朝回家后上前告状："叔叔把家里的牛给射死了。"牛弘听后很平静地说："那就拿去做了牛肉干吧。"待牛弘坐定后，他的妻子依然觉得胸中之气难平，就又在牛弘面前提起了这件事："叔叔平白无故射死了牛，这也不算件小事呀！"牛弘只是说："我已经知道了，事情已经发生了，又何必总揪着不放呢。"说完后就神态自若地继续读书了。

在古代，牛应该算是这个家庭里比较值钱的东西了。然而面对弟弟的失误，牛弘宽容地原谅了他。毕竟，牛已经死掉了，就算是咆哮发怒又有什么用呢！况且这样的话既伤身体，又伤感情，为了一件不能挽回的事情大发雷霆是很不明智的。如果伤了一家人的感情那就更不值得了。

人生在世，总会面临各种取舍问题，在感情和金钱方面，人生的天平该

向哪边倾斜，这决定的不仅仅是你眼前的道路，或许对你未来一生的命运都起到了分水岭的作用。舍去亲情，把金钱紧紧握在手里，那么注定了你富庶却会孤独一生，无论是喜是悲，都不会有人在你身边，真心地替你高兴或是悲伤；而若是舍去了金钱，而拥抱亲情，那么你的一生可能不会有大富大贵，但平平淡淡才是真，你一旦遇到了解不开的难题，就会有很多不请自来的人热情地替你忙东忙西，让你的心里都是暖的。像这样的故事，古代还有很多：

卜式是西汉时期著名的贤士，他家有两兄弟。他对自己的弟弟很好，照顾得很周到。父母去世后，兄弟两人分家，卜式把家中的财产都让给了弟弟，自己只要了一百多只羊。十几年过去了，卜式的羊群繁殖到了上千只，他买了房屋，置办了土地。这时，弟弟却因经营不善而破产了，于是卜式毫不犹豫地把自己的财产分了一半给弟弟。卜式的行为感动了弟弟和所有的人，大家都说他是个重亲情、不爱财的君子。

俗话说："忍一时之气，免百日之忧。"不论怎么说，亲情是任何时候都无法割舍的血脉之情，两个人的血管里流淌着相同的血，两人有着一样的祖宗，甚至在百年之后也都会葬到一个祖坟里。一个娘胎里孕育，一个屋檐下成长，最终又在一个坟茔中安息的兄弟，什么样的力量能够把他们彻底地拆开呢？即便真的有那么一种力量，骨肉分离的滋味难道真的那么好受吗？午夜梦回之际不会觉得胆寒心酸吗？既然这样，又为何不试着放下那些生不带来、死不带去的身外之物，而去珍惜彼此之间的感情呢！处世让一步则高，让步是前进的根本。宽以待人的结果是使自己的身体感到舒适，灵魂得以升华，又何乐而不为呢！过于注重自己的得失，斤斤计较的人只会让自己和对方都很痛苦。西晋时期的潘岳说过："乾坤以有亲可久，君子以厚德载物。”生在现代社会的我们，如果可以时时刻刻怀有一颗宽容之心、礼让之心的话，就可以融化冰凌、驱散心中的黑暗，把每天都过得多姿多彩。

荀子说：“君子贤而能容罢，知而能容愚，博而能容浅，粹而能容杂。”想要使自己的言语能够有三春之暖，那么就要由内而外地改变自己，使自己的内心时刻保持在一种达观的境界之中，而要想达到这种境界，就必须学会处理利益和感情的问题。如此才会使我们的内心澄澈舒畅如一泓清泉。得饶人处且饶人，这个世上没有人能够保证自己可以一辈子不犯错误，而且，这个世上的所有事情都是相对而言的，此时觉得对了，可能下一秒就变成了错的，所以就要求我们拥有一个海纳百川的胸怀和虚怀若谷的心胸，谅人之过的同时也是在给自己留后路。时刻铭记这一点，人生之路才会越走越宽。

4 多包容、多忍让，怨气自然会消除

《弟子规》在开篇中便提出“首孝悌，次谨信”的要求，在古人看来，孝、悌，无疑是一个人行为处世的根本，也是良好的传统美德。当然，古人在这里所讲的“悌道”，要求我们兄弟姐妹之间和睦相处。人与人之间交往，难免会有一些小摩擦，如何才能让兄弟姐妹之间相处和睦呢？除了财物上要看轻以外，《弟子规》还提出要求：“言语忍，忿自泯。”意思是说，说话相互忍让，愤恨自然也就消除了。

在这里，《弟子规》要求兄弟之间相处时，要学会包容忍让。在古人看来，人与人之间交往只要能够做到互相包容，互相忍让，便可以和睦相处。也许你会心生疑问，难道包容、忍让真的有这么大的力量吗？一起看看下面的故事吧，相信看完这个故事，你也就明白了其中的真谛！

隋末时期，李世民曾亲自深入敌营打探军情，不幸被敌方识破，遭遇险情，情急之下，他奋力拼杀，最终逃到寿张县张家庄村。由于身受重伤，过独木桥时不幸跌落河中，恰被当地村民张公艺所救。最后，在张公艺等的悉心照料下，李世民完全康复。后来李世民成功登上皇位，并没有忘记张公艺的救命之恩，贞观九年，他特赐“义和广常”的金匾来旌表张公艺的行为。

唐高宗李治时期，张公艺的名声越来越大。原因很简单，他家九代同堂，子孙繁众，人财两旺，最让人难以相信的是，这众多的人在一起，兄弟姐妹之间却从来没有因为什么事情发生矛盾，上上下下九百多口人，总能和睦相处。在皇上看来，一个国家的法律如此森严，尚还会有如此众多的矛盾，对于一个家庭来说，能够如此团结和睦，还真让人难以相信。于是，唐高宗便想一探究竟。

唐高宗一行到达张公艺家去询访，对于皇上的亲临，张公艺感到惊讶，还是亲自带皇上参观。只见，全家族上下住有四百八十个生活区，所有财产一律归集体所有，着装统一。吃饭时，全家九百多口人共享餐饮，以击鼓为令，群坐餐厅，男女分别入席，长幼有序，全家老少谦恭礼仪，上下仁和。当然，这个家族不仅人与人之间谦让，就连家畜都能效家风有序，缺一不食。高宗问张公艺治家的方法时，张公艺知而不答，而是拿来一张纸，便开始写了起来。最后，张公艺在纸上写下一百个“忍”字，并详细说明了“百忍”的具体内容，包括父子、兄弟、妯娌之间等不忍所带来的危害。

张公艺表示，九世同居人口众多，每天你来我往，自然会存在许多矛盾，然而，皆因为能够相互谅解，相互谦让，才能出现一片团结的局面。高宗听后，重赏张公艺家，并新书“百忍义门”四个大字，敕修百忍义门，用以表彰他们的善行。后来，张公艺死后，为了纪念这位“忍”、“孝”治家的贤人，特修“百忍堂”。

这就是“百忍堂”的由来，张公艺全家九世同居，正是因为大家都能以忍让为先，懂得包容他人的过失，才能九百多人团结一致，形成一条心，最终名响四野。作为现代的年轻人，我们就应该学习古人的包容、忍让。然而，有人认为，现如今独生子女极多，没有了兄弟姐妹，自然也就不再需要“悌道”的要求。其实不然，这一点对于现如今的年轻人来讲，还是依然可行的。

中华民族犹如一个大家庭，我们身边有着许许多多的兄弟姐妹。《弟子

规》不仅要求我们对待兄弟姐妹这样，对待朋友同事更应该如此，以包容、忍让的心去对待每一个人，方能为自己建立良好的人际关系。通过《弟子规》的学习，我们受到的启示是：与人相处，无论是亲人、友人，还是朋友同事，都要包容他人的过失，对他人的言语学会忍让，自然人与人之间就可以和睦相处了。

俗话说："忍得一时之气，免得百日之忧。"无数的经验告诉我们，与人交往时，如果能够以一颗包容的心对待别人的过失，懂得忍让，会让我们的生活变得平和，人间也就多一些亲情，少一些憎恨，人生也就会变得更加美好。因而，为了你，为了别人，从现在起，学会包容，学会忍让吧！

5 与人交往要谦虚礼让

中国传统处世思想，重视兄弟关系，当然，这里的兄弟关系，不仅仅是指在家庭内部，家庭外部也同样如此。实际上，经典的儒家思想更是如此。《弟子规》中针对此点，也做出了具体的要求。那么，现实生活中，长幼之间应该遵循哪些礼仪呢？

《弟子规》讲："或饮食，或坐走；长者先，幼者后"。意思是说，对待兄长要懂礼貌，吃饭，坐下或行走时，都要先请长者在前，幼者随后。当然，在家里我们要这样与兄弟姐妹相处，那么，走到外面时，我们更应该以此来严格要求自己。也就是说，我们跟长辈在一起时，要礼让长辈，这也是现代人处理同事关系、上下级关系的重要准则。

现今社会，在家里，孩子是皇帝，他要做什么，全家人都得听他的。无论是好吃的，好玩的，都得以孩子为先。当然，也有人调侃地说"哪里是孩子，简直就是爷啊"。的确，如今的教育观念太强调爱幼了。从道德角度来讲，"长幼有序"是一种很好的伦理关系，然而却被很多人忘却了。

《弟子规》要求我们在日常生活中，要先知道长幼之序，养成一种谦卑的观念和习惯，也就是我们现在所说的"尊老爱幼"。当然，良好的生活习惯并不是一天就能养成的。因而，需要我们从生活中的点滴做起。那么，现实生活中，在与人相处时，我们应该注意哪些细节呢？

1. 在家里,要尊重长者,凡事都要学会礼让

在家与父母或其他长辈相处时,我们要懂得尊敬长者,凡是长者喜欢吃的东西,我们要学会让对方先吃,主动把一些好的食物留给长辈。同时,吃饭的时候,要尽量等到长辈到齐后才能开始吃饭。当然,还需要让长辈先动筷,以示自己的尊重之情。

2. 尊敬长者,还要体现在坐、立、行走上

《弟子规》中讲:“长者立,幼勿坐;长者坐,命乃坐。”意思是说,长者站着的话,晚辈不能坐。只有长者坐下来,要求晚辈坐的时候,你才能坐下来。作为晚辈,在走路和坐下时,也要做到“行不中道,坐不中席”。这也是一个人能否尊老敬老的体现。这就要求我们在走路时,如果身边有长者,应该请他们走在中间,自己跟在后面,当然,如果情况特殊时,晚辈还要及时上前帮助引路。坐座位时,那些尊位也是留给长者的。

3. 尊重家里的长者,更要尊重所有的长者

在古人看来,一个人有君子作风,不仅要尊重家里的长者,更应该把这种精神推广到全社会长者的身上。孔子说:“君子敬而无失,与人恭而有礼,四海之内皆兄弟也。”意思是说,一个有良好修养的人,做事认真、谨慎,待人恭敬有礼,四海之内都会有你的兄弟。的确,如果能够将兄弟之道推及到他人,那么,人与人之间自然会像兄弟一样亲密无间。这种观念对于今天我们处理与上级的关系也同样适用。

《弟子规》要求我们从小要树立起“长幼有序”的观念和尊敬、照顾长者的意识。“长幼有序”的先贤遗训在现代人际互动关系中仍能发挥良性的作用,因而,作为现代人更应该多向古人学习,时刻以此来严格要求自己。

6 长辈有吩咐，自己应帮忙或主动代劳

《弟子规》中要求我们从小要树立起尊敬、照料长者的观念，那么，当长辈有事找晚辈的时候，我们又该如何做呢？当然，《弟子规》在接下来也给出了答案。《弟子规》中讲："长呼人，即代叫；人不在，己即到。"意思是说，长辈如果有事而叫人的话，做小辈的应该立即代他去找那个人。如果要找的人恰好不在的话，你自己要前去代做长辈吩咐的事情。

在古人看来，小孩子从小就应树立起主动替长辈分担的观念。一方面，要主动替长辈找人，无论结果如何都得回来告诉长辈一声。同时，如果要找的人不在，我们还得询问一下自己能否帮助长辈完成事情。在古人眼中，这也是为人的根本。对于这一点，绝大多数的年轻人都能够做到，当然，也有个别的人并不能以此来严格要求自己。要说起爱护老人来，就不能不提杜环这个人了。

杜环，字叔循，祖先是庐陵人，相传其父杜一元去江东做官，全家便在金陵定居下来。他的父亲生平就爱结交一些地方的知名人士，受其影响，杜环从小就喜欢帮助别人。他不仅爱好学习，而且为人信守承诺。

后来，父亲的一位朋友去世了，常母已经60多岁了，孤苦无依，一个人在九江城下放声哭泣。路人可怜她年事已高，指点她去找儿子生前的朋友，没成想对方根本就不肯接纳她，并把她赶了出来。无奈之下，她想起儿子曾在

金陵一带做过官，辗转来到金陵，却也毫无结果。最后，她想起儿子的好友杜一元来，冒雨找到他家。

正在与客人交谈的杜环见到熟悉的面孔，一眼认出她就是父亲生前的好友的母亲，便赶紧把她扶进屋内，向她行拜礼，并要求自己的妻子行礼。听到常家的变故，杜环也跟着伤心落泪。眼见常母问到她儿子生前的朋友，杜环知道那些人都是无法托付的，又不知道她小儿子常伯章现如今的状况，便暂且安置她在自家住了下来。常母看到他家境也不富裕，坚持要找儿子的朋友，杜环便派丫环跟在后面，眼见事情无果，常母才再次在他家住下，全家人都把她当母亲一样侍奉。

常母个性急躁，稍有不顺，便出口骂人。杜环要求家人尽量顺从她、尊重她，更不能因为她的身份而轻视她。常母年事已高，且还有疾病在身，杜环便亲自为其煎药、喂药，十年如一日地照顾老人。后来，因工作原因，杜环正好遇到常母的小儿子，便哭着向他说起老人家思儿心切而生病，希望他能够回去看看自己的母亲。然而，常伯章并没放在心上，过了多半年后才亲自去探望母亲。母子二人见面，抱头痛哭。常伯章见母亲年事已高，且有病在身，恐怕根本无法远行，便借故又溜走了。从那儿以后，他就再也没有来看过自己的母亲。倒是杜环依旧对她照顾有加，怎奈老人家思儿心切越发病重，三年之后就去世了，直到死她都没能再见到亲生儿子一面。常母死后，杜环为其选了一块地专门厚葬她，逢年过节还会去扫墓。

在这个故事中，常母失去了大儿子，儿子昔日的好友也拒绝接纳她。然而，杜环见到她后，主动要求让她居住在家中，以母亲来侍奉，并亲自照顾她，直到她去世，并厚葬她。对于一个根本没有血缘关系的老人，杜环却替常伯章担当起赡养母亲的重任，其行实在可敬，足见他的修养。然而，作为老母亲的亲生儿子,也只是在匆匆见了一面之后便溜走了,从此再无音讯,这种对比不得不引起我们的深思。

现实生活中,像杜环这样的人不在多数,反倒是像常伯章这样的人却是大有人在。有许多年轻人面对年迈的父母不是争相养活,而是互相推卸责任,兄弟姐妹之间都害怕吃亏,更不说帮助父母干活了。作为晚辈,这样对待老人是不对的。尊老爱幼是中华民族的传统美德,然而,现如今更多的人只懂得爱护自己的孩子,根本无暇顾及自己的父母。每一对父母都会变老,每一个孩子都会长大,如果我们自己不尊老爱老,到时候又如何能够要求孩子们尊老爱老呢?因而,作为现代年轻人,在爱幼的同时,多花一点心思在老人的身上,多爱他们一点,你会收获更多。那么,《弟子规》中是如何教导大家爱护老人的呢?

1. 长辈有事急呼时,我们要主动帮助他们

现在的年轻人从小被父母宠到大,一直过着饭来张口,衣来伸手的生活,心中根本没有一点帮助父母的意识。即使看到长辈有事招呼他人时,也充耳不闻,认为反正不是叫自己,肯定跟自己没有关系,那就不用去理会。作为晚辈,长辈年事已高,无论他们要找谁都要及时招呼一声,看看他们有什么事情,让他们别着急,自己去帮着找一下,这样更能体现你的爱护老人。

2. 结果如何都需要回复一下,自己能够帮上忙的,要主动给予帮助

长辈要找的人如果就在身边,那么,你需要告诉对方长辈正有事找他,让他赶紧去一下。如果要找的人不在附近,作为晚辈还得去远一点的地方看看。然而,无论你找的结果如何都要及时回来告诉长辈一声,离开时,晚辈顺便还应问一声,看自己有什么能帮上忙的没有。如果眼前的事情是你力所能及的,晚辈还要主动提供帮助。

《弟子规》要求大家要行"悌道",对于长辈招呼时,我们依然要这样要求自己。面对长辈的招呼,作为晚辈应该主动出力帮忙。因而,从现在起,学会及时回应长辈,并代替他人给予长辈帮助,做一个懂事的人!

7 要尊重长辈，勿在人前多炫耀

《弟子规》中要求我们树立起长幼有序的观念，主动代兄长出力帮助照顾长辈。那么，作为晚辈，我们在与尊长相处时应该如何做呢？《弟子规》中针对此点，也做了具体要求。《弟子规》讲："称尊长，勿呼名；对尊长，勿见能。"意思是说，在叫前辈的时候，不能直接称呼他们的名字。前辈比我们要见多识广，面对前辈时，因而不能自我炫耀才能，要多听他们的教导。

现如今，社会竞争激烈，每个人都在尽力表现自己，以期得到大家的认可。可是许多年轻人却忘了，对尊长更应该怀抱尊重和感激之情。要知道，时刻以一种谦虚谨慎的态度对待尊长，更能体现一个人的学识与修养。因而，年轻人与尊长相处时，谦虚礼让才是根本。当然，从古到今也有许多尊长的先例，先看看下面的故事吧！

汉明帝刘庄自从当上太子以后，便跟随太傅桓荣学习《尚书》。后来，他登基后，虽贵为皇帝，然而，却依旧尊重桓荣，以师礼相待，又封桓荣为太常。有一次，汉明帝亲自去太常府探望桓荣，面对自己的老师，他并没有以皇上自居，而是专门摆放老师的座位在尊位上。然后，他还号召文武百官及老师的所有弟子们一起前来行师生礼。当着大家的面，汉明帝没有一丝架子，亲自行跪拜礼，拜桓荣为老师。当学生提问时，有的人就专门起立，以此来尊敬他，他却谦让告诉大家："太师在这里。"

后来,桓荣病重请求辞去官职,汉明帝便亲自到他家去探病。然而,车马刚一进入桓荣家的街道汉明帝就要求下车,步行前往桓荣家。看到老师病重的模样,他也跟着伤心落泪,不忍心离老师而去。后来,桓荣病重去世,汉明帝亲自穿丧服前去送行,并且在首山之阳为老师修筑坟墓。

在这个故事中,汉明帝贵为一朝天子,面对老师却依然能够恭敬有加,亲自下跪行拜师礼。听到老师重病,他匆忙前去探望,然而,车行至胡同便步行前往。老师病危,他却亲自身着丧服送行。以上种种,足以体现汉明帝对老师的尊重之情。贵为皇帝,汉明帝面对尊长,依然能够保持谦虚有礼的态度。而现实生活中,有些年轻人总爱在别人面前显摆自己,尤其是面对长者,无论对方的年龄、地位,他们都熟视无睹,喜欢拿自己的长处去比别人的短处。其实,这种做法很不可取。要知道,今天你所获得的学习机会都是他们用勤劳与智慧换来了。如果他们有这个机会的话,能力可能在你之上。因而,做一个有修养的年轻人要懂得谦虚礼让,尊敬长者。《弟子规》教育我们,面对尊长要给予必要的尊重。那么,我们应该从哪些方面来表达尊重之情呢?

1.尊重长者要体现在态度上,称呼他人时要有礼貌

现如今,人与人之间的关系已经不再像以往那样紧张,然而,无论在工作还是在生活中,给他人必要的尊重还是不能缺少的。这就要求我们在称呼他人时,要做到礼貌有加。面对那些比我们年长、地位高、能力强的人,我们应该学会使用尊称。可以在对方的姓后加上职称或职务,如张老师、陈科长,马博士等,这些都可能体现出对对方的尊敬。当然,你也可以在对方的姓后加上辈分。如吴奶奶、刘阿姨、赵叔叔等,也可以体现出对他人的尊敬之情。切忌直接称呼对方的姓名,这是最不礼貌的称呼,作为晚辈,直呼他

人的姓名，只会让人觉得你没教养，会直接影响你的形象。

2. 尊敬长者，要认真聆听他人的教导

作为长者，他们的知识、阅历，以及人生经验都会比你丰富很多。因而，他们有许多的人生智慧值得我们大家学习。当然，也有这种情况，他们在某些方面可能的确不如你，然而，作为晚辈，你要明白无论他们说什么都要保持一颗敬畏之心，尊重他们的行为。同时，当他们用自己的人生经验来教导我们的时候，我们也要诚恳地接受，并感谢他们的关爱，用一颗感恩的心去面对这一切。

3. 要善待长者的短处，不卖弄自己的学问

由于社会在发展，时代在进步，作为青年一代，我们接受了许多高科技的东西。这些东西有许多可能是长者根本不太熟悉的。比如网络、潮流，我们不能拿自己的长处与长者的短处比，要知道，是时代让他们没有机会接触更多的东西。因而，在面对长者时，我们不能卖弄自己的才能，这样会伤害到对方的自信心。与长者说话时，尤其提到自己擅长的东西时，一定要注意自己的语气与方式，要懂得尊重他们，把表现的机会多留给他们一些，你会收获得更多。

与尊长相处，谦虚有礼是每个年轻人都必须掌握的处世之道。然而，并非所有的年轻人都能意识到自己的不足之处。通过学习《弟子规》，我们已经知道了该如何去尊重长者。从现在开始，以此来要求自己，相信你也可以成为一个有修养的年轻人。

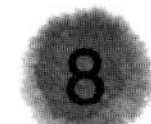

8 遇到长辈要主动问候并等候长辈先行

中国上下五千年的文明，从原始社会到今天，尊老敬贤是中华民族的优良传统。作为现代人，我们应该把这种美德发扬光大，并一代代地延续下去。然而，现实生活中，却有些年轻人对待老人时不够尊敬，对于那些贤能人士的说教更是嗤之以鼻。其实，这些行为都是极为不好的。从古到今，尊老敬贤的礼仪要求对于形成温情脉脉的人际关系、长幼有序的和谐伦理关系都起着非常重要的作用。

作为年轻人，尊老敬贤不仅仅体现在态度上，更应该体现在日常生活细节中。其实，关于这一点，《弟子规》中都已给我们做了具体的说明。那么，晚辈在路上遇到长辈之时，应该如何做呢？

1. 恭敬地走到长辈面前，静候长辈说话

《弟子规》中讲："路遇长，疾趋揖；长无言，退恭立。"它的意思是说，当小辈在路上遇到长辈时，要赶紧步行上前去行礼。如果长辈没有说话的话，晚辈应退到旁边恭敬地站着，以此来体现一种恭敬。当然，关于这一点与现如今社会有所不同，但是我们在路遇长辈时，还是要快步走上前去，主动向长辈打招呼。如果长辈因有事不能跟你说话时，我们还是要让出道来让长辈过去。一起来看看下面的故事吧。

何云发是明朝四川灌县人，他是方圆百里出了名的银匠。当然，他有这一手好手艺还得多亏他的师傅。虽然，他现在已学成手艺，然而，他平日里侍奉师傅非常恭敬诚恳。每次，若在道上遇到师傅时，他都会双手拱立向师傅行礼，同时，还诚心诚意地向师傅请安问好。

随着生意越来越好，他家的条件也越来越好，尽管家庭条件富裕了，可是，结婚多年，他们夫妇两人却一直未能有个孩子。一天夜里，他的妻子正在熟睡，忽然梦到有人前来告诉她："原本你们夫妇二人命中无子，可是，念你丈夫懂得恭敬师傅，所以，上天特派我来给你送一个贵子。"梦醒之后，他的妻子也觉得有些奇怪。没过多久，他的妻子竟然发现自己怀孕了，果真生了一个白胖的儿子。何云发一直教育孩子尊老敬贤，因而，夫妇二人得到贵子的孝顺供养，一生衣食丰厚。

在这个相传的故事中，何云发虽然学成归来，然而，一生都尊敬师傅，每次道上遇到师傅，他都会行礼问好。他的善行感动了上天，让原本没有子嗣的他最终得到一个儿子。正因为他从小教育孩子尊老敬贤，老了夫妇二人才能得到孩子的孝顺供养，衣食无忧。何云发尊老敬贤感动上天得子，当然，这在现代人看来有些荒谬，然而，他的这种精神还是值得我们大家去学习的。当然，《弟子规》中关于这点，还对我们提出了更深一步的要求。

2. 向长辈打招呼也要注意礼节，恭敬地送长辈离去

《弟子规》中讲："骑下马，乘下车；过犹待，百步余。"它的意思是说：路上遇长辈相遇时，如果是骑着马的话，要下马与长辈打招呼。当然，坐在车上话，也得立即下车。长辈走过去后，作为晚辈还得目送长辈一百多步后才能动身。当然，现代人的交通工具已经改变了，然而，尊敬长者的心还是不能变的。情况允许时，我们还是要主动与长辈打声招呼，问一声好。长辈如果

提前离去的话，我们也得目送长辈的背影，直到消失为止。比如，在赶车时，我们遇到长辈时，也得走上前去打声招呼，打招呼时还应注意不能打扰到周围的人。即使下一刻我们要上车，你也得向长辈告辞一下，告诉对方自己有事需要先向离去，及时表达你的歉意。相信只要能够做到有礼有节，长辈一定不会怪罪于你。

《弟子规》要求我们路遇长者，要做到懂礼貌，有教养，以此来体现我们对长者的尊敬之情。通过《弟子规》的学习，我们得到的启示如下：

1. 对长者充满尊敬之情，见面要打招呼，养成良好的习惯

做一个有礼貌、有修养的年轻人，我们在路上遇到老人和长辈时，要放低姿态，主动与对方打招呼问好。如果对方现在有紧急事情要处理，我们在打完招呼后要让出道来让对方先行。如果长者想要与我们多聊几句的话，如果我们又没有要紧事情的话，就要恭敬地陪老人家多说几句，细心聆听他们的教导。如果恰好有急事要去做的话，应该坦诚地向长辈说明，有急事要去处理，下次再去探望。

2. 路遇长者，打招呼要有礼貌，送别更要有礼貌

路遇长者，无论我们多忙都不能忽略了对长辈的尊重之情。有一些年轻人一边走路一边与长辈打招呼，其实，这是很不礼貌的。尊敬长者，体现在具体行动上就要遇到长者，方便的话要停稳后，下车子来打招呼。当然，如果是汽车的话，要停靠路边问候，并问一下是否有什么事情能帮得上忙。当然，谈完话后，长者离去时也要先目送长者离去，然后自己再动身。

路遇长者时，年轻人所必须掌握的礼仪要求，《弟子规》中做了明确的说明。然而，因为时代不同，某些情况已经明显不适用于当前的情况。因此，

我们在按照这些要求来做时，既要领会精神实质，同时，还要与实际情况相结合，只要能够用心去领悟，怀着一颗真诚的心去对待长者，任何人都能成为有修养的人。

9 年轻人与长辈相处要知礼守礼

《弟子规》中除了对路遇长辈时年轻人应遵守的礼节做了要求以外，还规定了年轻人与长辈相处时所必须注意的细节问题。那么，《弟子规》中关于与长辈相处的礼仪都有哪些方面呢？下面我们来一一学习。

《弟子规》中讲："长者立，幼勿坐；长者坐，命乃坐。"意思是说，长者还在站着，做晚辈的就不能自顾自地坐下来。长辈坐下后，招呼你坐下时，才能坐下来。作为晚辈与长辈相处时，应遵守的礼仪要求之一，便是关于坐与立的礼仪。《弟子规》中要求我们与长辈相处时，应该先请长辈坐，长辈如果没有让我们坐下的话，就不能坐下来。关于这坐与立的礼仪，历史上最有名的就是"程门立雪"的故事。

北宋时期的著名学者杨时，是程门四大弟子之一。早年他就颇有学问，考得进士，他特别喜欢钻研学问，然而，他并不满足，便四处寻师访友，曾拜读于著名学者程颢门下。后来，程颢念他为人很好，临死前把他推荐到其弟程颐门下学习。

此时，杨时已经四十有余，学问也相当高，他却依然谦虚谨慎，尊师敬友，因而，深得师傅程颐的喜爱。程颐把他当做得意门生，将毕生的知识都传授于他。有一天，杨时与同学游酢一起前往老师那里请教问题，不巧的是当时老师睡着了。看到老师睡得正香，两人便决定不要打扰他，静候老师醒来之时。于是，两人便站在大门处不动，静静地等待老师醒来。时间一分一秒地过去了，老师依然睡得很香，天空中又飘起了鹅毛大雪，且越下越大，天气也变得越来越冷。两人站在雪地中，游酢实在冻得受不了，几次都想直接把老师叫醒，结果被杨时给拦了下来。

等程颐一觉醒来，发现已经睡了好几个钟头，不知什么时候外面已积了很厚的一层雪。这时，他才发现两个人正站在门外，身上都落了一层厚厚的雪，两人早就变成了雪人。见此情形，程颐很受感动，对他们更加用心，杨时最终不负众望学到了程颐的全部学问。后来，他回到南方传播程氏理学，且形成独家学派。

在这个故事中，杨时向老师请教问题时，见老师坐在那里打盹，便站在门外等候。这一等便是好几个小时，天空下起了雪，他们都没有叫醒老师或独自坐下。在他看来，老师坐在那里，还没有招呼他坐下的话，作为晚辈是绝对不能不请自坐的，这个故事旨在告诉大家，作为晚辈要尊敬长者，长者没有请坐时，是不能够自行坐下的。《弟子规》中不仅要求晚辈与长辈相处时，要遵守坐与立的礼仪，还应遵守说话的礼仪。

《弟子规》中讲："尊长前，声要低；低不闻，却非宜。"它的意思是说，与长辈说话要保持恭敬的态度，说话声音要放低一些。如果低得听不到，也是不合时宜的。这就要求我们与长辈说话时保持合适的音量、音调最重要。这样，既可以避免因声音过大而显得对长辈无礼，又可以避免因声音过小，让长辈听不到。在古人看来，做一个有修养的人，对长辈说话时既要保持腔调柔和，还要注意音量适中。

《弟子规》中接下来对晚辈与长辈见面时细节问题，也做了严格的要求。《弟子规》讲："进必趋，退必迟；问起对，视勿移。"意思是说，与长辈见面时，

要快步上前,以免长辈久等。向长辈告辞时,我们要放慢步子,以免给长辈一种想赶快逃离的感觉。长辈问话时,晚辈还要站起来回答,回话时,目光要看着长辈,不能东张西望。这就要求我们与长辈相处时,要认真对待长辈的问题,做到集中精力,全神贯注。

《弟子规》在这一节中,对晚辈如何与长辈相处做了具体的要求。在古人看来,与长辈相处时,作为晚辈要恭敬有礼,不仅体现在坐、站的问题上,更要体现在与长辈说话的声音,以及与长辈谈话的态度上。因而,通过这节的学习,给我们的启示如下:

1. 做有礼貌、有修养的人,与长者相处时,要征得同意后方能入座

与长者相处时,如果未经允许便擅自坐到位子上,是一件有失礼貌的事情。作为晚辈,如果身边的长者没有入座的话,是绝对不能自顾自地坐在位置上。即使长辈坐下后,也要等长辈招呼后才能坐下来。另外,坐下后,如果长者起来走动的话,你的目光与身子也要随着长者的方向改变。

2. 做有礼貌、有修养的人,与长者相处时,要注意谈话的礼节

与长者交谈时,如何才能让你的声音既被对方听到,又不会显得是在嚷嚷,是体现一个人有修养的重要方面。这就要求我们要注意交谈的实际工作情况,如果双方离得稍有些远,或是长者的听力不好时,我们可以适当地提高自己的音量。当然,对于面对面地进行聊天,你的声音就可以稍微低一些,你还应该注意说话的语气。

3. 做有礼貌、有修养的人,还要注意与长者交谈的细节

如果长者有事要找,作为晚辈听到后要赶快上前,不能让长者久等。当然,交谈完毕离开时,要学会放慢脚步。同时,交谈的过程中,作为晚辈在回答长者的问题时,要以尊敬的语气来回答,还应做到目不斜视,视线停留在

长者的视线以下。

与长辈相处,作为晚辈要遵守一些礼仪细节,才能展现出你的良好修养。当然,至于年轻人该如何做,《弟子规》中也做了详细的要求。只要能够按照这些方面的精神来做,相信你一定可以成为长辈眼中有礼貌、有修养的人。

10 对待与父兄同辈的人要像对待父兄一样

《弟子规》在“出则悌”部分要求我们与人相处时要懂得谦虚，行悌道，学会尊老敬贤。那么，在这一部分中，它具体要求年轻人与人相处时要达到一种怎样的境界呢？《弟子规》在接下来就给出了我们答案：“事诸父，如事父；事诸兄，如事兄。”意思是说，对待自己的叔叔伯伯，就应该像对待自己的父亲一样尊敬，对待兄长辈的亲友，也要像自己的亲兄长一样去尊重爱护。

现代社会都是小家庭，更多的都是标准的三口之家，除了自己的父母以外，很少有兄弟姐妹的。然而，《弟子规》中所要求的这点，对于现如今社会人际关系的发展有着重要的意义。现代年轻人，如果连与自己有着血缘关系的叔叔伯伯、堂兄堂弟们都不能够相处融洽的话，那么，对外面那些不存在血缘关系的人，就更别提了。因而，在古人看来，作为有礼貌、有修养的年轻人在家族内部对长辈就应该像亲父兄一般来尊重关怀。相信看了下面的故事，你也会有所感悟的。

北宋时期，在福建泉州莆田县有一个名叫林默的姑娘。她从小便深得父母疼爱，因为住在海边，她的父亲与哥哥都是船夫，村里的很多人家都与他们一样以捕鱼为生。然而，在离她不远的一片海域里有一片很危险的礁区。有一天,她的父亲与哥哥一起出海打鱼,在回来的途中遭遇海难,在她和村民们的努力下,最终脱离了险境。然而,却未能救回哥哥的性命,失去了哥哥,她很痛心。

然而,令她忧虑的是,如何避免更多的村民遭遇像自己哥哥那样的悲剧?于是,她便经常跟随师傅学习研究天文气象,以此来帮助人们识天气,避免在出海途中遇到恶性天气而发生意外。同时,她还经常冒着危险去救助那些过往的船只,帮助他们脱离险境。她曾多次不顾个人安危出入于危险的海域帮助那些需要帮助的人们。由于过度操劳,她在 28 岁时便去世了。人们为了纪念她的善行,便在沿海地方修建祠堂,尊称她为“海神妈祖”。

在这个故事中,生长在海滨的姑娘林默,一家人都靠出海打鱼为生。哥哥的不幸遭遇虽然让她痛心,可是,让她着急的是如何避免更多的村民遭遇这种危险。因而,她一方面学习识天气;另一方面去救助那些遇难的人群,最终英年早逝。对于林默来说,她并没有因失去哥哥而陷入痛苦中无法自拔,她想得更多的是让村民们摆脱这种险境,避免同样的遭遇。对于那些没有血缘关系的人,她尚能如此关怀尊重,可见她的胸怀与修养。

现实生活中,许多年轻人身为独生子女,从小被娇生惯养,自我意识太强,做起事来根本顾及不到父母的感受,更别提那些叔叔伯伯了,对于那些没有血缘关系的人,更不可能在其考虑的范围之内。其实,这种思想很不正确。作为一个有修养的人,首先应孝敬尊重自己的父母,其次才能尊重父母的兄弟姐妹们,才能推而广之到天下所有的长辈们。这就是我们常说的“老吾老以及人之老”的思想。你只有先尊敬自己的父母,才能尊重他人的父

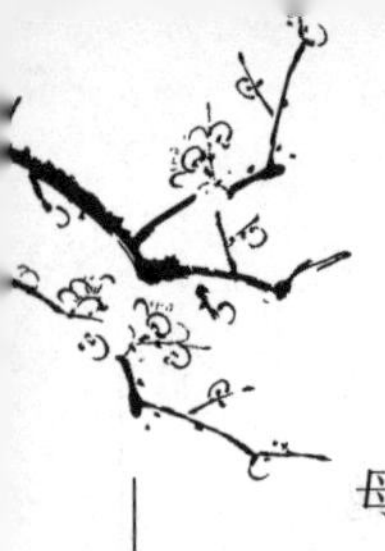

母。试想，一个人如果与自己的有血缘关系的人都不能给予起码的尊重，那么，他还能尊重谁呢？

因而，通过《弟子规》的学习，我们受到的启示如下：

1. 做一个有修养的人，先要尊重自己的父母兄长

古人认为，做人的根本就是“以孝为先”，只有孝敬父母，尊敬父母才能算是一个人。其次就是“悌”，与兄长相处，要行“悌”道，对待自己的兄长要谦虚礼让，主动尊敬自己的兄长。因而，古人在评价一个人时，要先从“孝、悌”两个方面来看。作为年轻人，我们先要懂得尊重自己的父母兄长，才能算是一个真正意义上的人。

2. 做一个有修养的人，还要尊敬有血缘关系的亲人

《弟子规》要求大家对待长辈或是长者，都要尊重，同样，对待那些与我们有血缘关系的人时，我们也应该像尊敬自己的父母一样去尊重爱护他们，才能体现出我们尊老敬贤的美德。这就要求我们在日常生活中，用一颗平等心、包容心去对待自己的亲人，不因个人的身份、地位、经济状况来改变自己的态度，一律用尊重父兄的态度去对待。

3. 做一个有修养的人，要将对待父兄的精神，推广到所有的长辈与长者身上

做一个有修养的人，不仅仅会尊重自己的亲人，对于所有的长辈与长者都应该一视同仁，用同样的要求来对待，这才能称得上真正意义上的贤者。因而，作为现代年轻人，要懂得把这种尊敬精神推广到所有的长者身上，你才能心怀恭敬地与人相处，拥有良好的人际关系。

《弟子规》指导我们，面对长辈我们不能因为不是自己的父母兄长便目中无人，更不能因为没有血缘关系而嗤之以鼻。一个真正有修养的人，无论

对待什么样的长辈都应尊重到底，在与长辈相处中，树立良好的形象，为自己争得良好的人际关系。因而，从现在起，做一个有修养的人，用你的尊重去对待所有的长辈吧！

谨

1 少壮需努力,老大不伤悲

《弟子规》讲:“朝起早,夜眠迟;老易至,惜此时。”意思是说,早早起床,晚上适当地晚些睡觉,这样才能争取到更多的时间。人生很短暂,转眼就会老去,因而,我们应该珍惜眼前的宝贵时光。否则的话,很可能重蹈“少壮不努力,老大徒伤悲”的覆辙。

不仅《弟子规》如此讲,陶渊明曾写诗“盛年不重来,一日难再晨,及时当勉励,岁月不待人。”每个人所拥有的时间都是一样的,然而,能够用来工作和学习的时间却因人而异。因而,想要把握有效的时间,延长你的生命,就要学会挤时间、惜时间。

然而,现在一些年轻人,每天抱着混日子的态度来对待生活,总想着时间多的是,今天不行了,还有明天、后天。正如古人云:“明日复明日,明日何其多,我生待明日,万事成蹉跎。”到头来,你会发现两手空空如也。因而,只有学会珍惜光阴,才能让你的生命得到延长,利用有限的时间创造更多的价值。相信看了下面的故事,你就应该明白如何做了!

晋代的祖逖是一个胸怀坦荡的人。他心怀远大抱负,无奈小时候不爱读书,只顾着调皮捣蛋,耽误了大好时间。进入青年时期,他意识到自己的知识贫乏,深感不读书就无以报效国家。于是,他开始发愤图强,每天钻在书籍里无法自拔。

经过努力,他广泛阅读了许多书籍,认真研读历史,从中汲取了丰富的知识,学问也大有长进。虽然,他曾几次进出京都洛阳,所到之处,人们无不夸他学问大,甚至还有人说他是个能辅佐帝王治理国家的人才,然而,他并没有自我满足。二十四岁时,也曾有人推荐他去京城做官,被他毅然回拒了,他仍然坚持不懈地读书学习。

后来,他与幼时的好友刘琨两人交往很深,两人常常同床而卧。两人都有着远大的抱负:建功立业,复兴晋国,成为国家的栋梁之才。一天夜里,两人睡得正香,忽然,祖逖在睡梦中听到有公鸡打鸣声,于是,他猛然醒来,外面的天色还没有亮。他一脚踢醒了身边睡得正熟的刘琨,说道:“你听到鸡叫了吗?”刘琨说道:“半夜听到鸡叫不吉利。”当然,祖逖并不相信这种说法,向刘琨提议道:“不如我们现在去外面练剑如何?”听到这个建议刘琨欣然同意,两人还约定每天听到鸡叫就起床练剑。

剑光飞舞,剑声铿锵,春去冬来,寒来暑往,两人从没有间断过。“皇天不负有心人”经过长期的刻苦学习与训练,两人终于成为文武双全的人才。后来,祖狄被封为镇西将军,刘琨也做了征北中郎将,都得以实现自己的报国志向。

这就是有名的“闻鸡起舞”的典故,祖逖因幼时贪玩,青年时期自然缺少知识。当然,他能及时地意识到自己的不足,并且抓紧时间深入学习,最终还是收获了丰富的知识。这并不是他的最终目标,他还怀有更大的抱负,于是,他每天早早起床练武,日复一日,年复一年,最终把自己训练成能文能武的人才,报效祖国。作为年轻人的我们更应该抓紧时间、刻苦学习。

纵观历史,古今中外有所建树者,无一不是惜时如金。作为年轻人,我们难道不更应该珍惜时间,趁着大好光阴,学习文化知识。通过学习《弟子

规》,我们能受到以下启示:

1. 晚睡早起,为自己争取更多的时间

一个人如何能在有限的时间内,为自己创造更多的时间,才是成功的关键。想要做到这点,我们只能在休息的时间上做文章。“一日之计在于晨”,早上的时间最为宝贵,当然不能浪费,作为年轻人,我们应该早早起床读书学习。同样,夜晚的时间也要有效利用起来,适当地晚点睡觉,把挤出来的时间都用在读书、学习、工作上,相信你一定会有更大的收获。

2. 珍惜时间,提高工作效率,在有效的时间里创造更多的价值

无论你起得多早,睡得多晚,都是为了挤出更多的时间。当然,我们不能因此而浪费正常的工作时间,只有认真把握好每分每秒,提高工作效率,才能创造出更多价值。否则,让自己处于“熬时间”的状态,还不如休息或娱乐呢!

“黑发不知勤学早,白首方悔读书迟”。《弟子规》告诫大家:人的一生很短暂,如果不趁着大好时光,抓紧时间用功努力的话,到老时,只会空留满腔遗憾了。因而,对年轻人来讲,珍惜光阴,用有限的生命创造更多的价值才是最重要的。

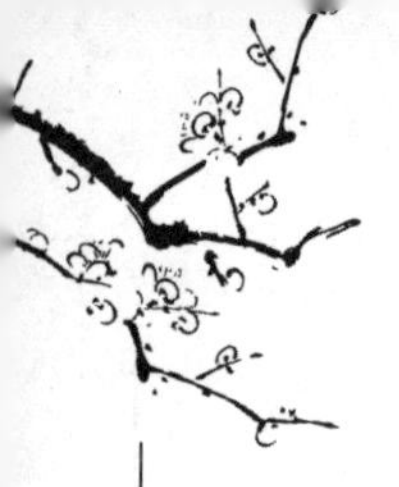

2 养成良好的卫生习惯才能拥有健康的身体

《弟子规》中讲："晨必盥，兼漱口；便溺回，辄净手。"意思是说，每天早晨起来必须洗脸，同时还得刷牙漱口；上了厕所回来以后，还应该勤洗手。一个人保持良好的卫生习惯，不仅将决定他的外在形象，同时，还会直接影响他的身体健康。因而，养成良好的习惯，是拥有健康身体的基础。

《世界卫生组织宪章》指出："健康不仅是没有疾病和病态，更是一种个体在身体上、精神上、社会适应上健全完好的状态。"由此可见，一个人想要拥有健康的体态，必须养成良好的生活习惯与生活方式。老话说："病从口入"，想要从根源上解决问题，保持良好的卫生习惯是预防疾病的最根本途径。

当前社会，人们的生存环境发生了变化，人类的身体也在不断遭受病毒的袭击。无论是"非典"，还是甲型 H1N1 流感，还是那些所谓的超级细菌，抑或是一些不知名的病毒物类，随时都会危害到人类的健康。然而，无论面对哪种疾病，只要能够保持良好的卫生习惯，就可以在一定程度上增强机体抵抗病毒的能力，打造健康的身体。

关于这一点，《弟子规》也已经指明，作为年轻人应该保持如下一些良好的卫生习惯。

1.《弟子规》中提出,要养成“晨必盥,兼漱口”的习惯

良好的习惯是需要长期的、反复的行为锻炼才能得以形成的。日常生活中,一个良好的生活习惯应该从早晨起床开始。起床后,做好个人的清洁卫生是关键,刷牙、洗脸是保证健康的最基本阶段。可别小看了这两件事情,也并非所有的人都能够做到。要知道,科学地洗漱有利于养生,关注细节问题,健康的身体应从“冷水洗脸,温水刷牙”做起。

洗脸,是日常护肤的最基本一项,而冷水洗脸则是一种健康的习惯。尤其是在寒冷的冬天,用冷水洗过脸后,不仅可以使人精神焕发,还可以刺激面部的血液循环,改善面部皮肤组织,起到美容的功效。

当然,古人因为受条件的影响,并没有牙刷这样的东西,也只有用漱口来解决。现如今,牙刷是用来保护口腔清洁的主要工具。在刷牙时应使用温水,可以起到健牙固齿的功效。口腔专家研究表明,用35摄氏度左右的温水来刷牙或漱口,既有利于牙齿的新陈代谢,还有助于清除口腔里的细菌与食物残渣,从而达到护牙洁齿、减少疾病的发生。

2.养成良好的生活习惯,《弟子规》中还提出:便溺回,辄净手

早在古代,人们就知道通过清洗双手来预防疾病。人类的双手,可谓是人体活动的“外交器官”,许多活动都离不开它的参与。正因为如此,手更容易在活动的过程中粘上许多病原体微生物。科学家研究发现,一个没有洗过的手,至少要含有4万~40万个细菌,尤其是在指甲或指缝的位置,更是细菌的藏身之地。如果再用这样的手去拿东西的话,很容易把外在的病毒带入体内,造成人体的不适。

当然,洗手也是有讲究的,不同的洗手方式,效果也是不完全相同的。用流水洗手的话,可以洗去手上80%的细菌,因而,为了达到彻底清洁的目

的，洗手时还应使用一些洗手液等用品。同时，洗手时间应超过15秒。当然，如果用盆水洗的话，不能几个人同用一盆水，这样很容易造成交叉感染，相互传播疾病。

3. 养成良好的卫生习惯还包括：勤剪指甲，勤洗手，勤换衣物，勤洗澡

生活中，细菌无处不在，因而，在活动或劳动时，手上容易沾上细菌。人们常说："菌从手来，病从口入，"就是这个道理，想要解决这一难题，必须养成勤剪指甲，勤洗手的习惯，才可以从根源上降低细菌感染的概率。当然，除了这两点之外，养成良好的卫生习惯，还应注意勤洗澡，有效去除人体的异味，才能在人际交往中给他人留下良好的印象。

个人的卫生习惯，不仅仅是个人文明生活方式的体现，在某种程度上，也代表着一个社会的精神文明水平。要知道，卫生与健康是紧密相连的，养成良好的个人卫生习惯是预防疾病的先决条件。如果你也想拥有健康的体魄，从现在起努力克服不良好的卫生习惯，建立起良好的习惯，才能拥有健康的身体。你做好准备了吗？那就马上行动起来吧！

3 衣着要整洁大方，避免邋遢形象

《弟子规》讲："冠必正，纽必结；袜与履，俱紧切。"意思是说，帽子要戴得端端正正，衣服的纽扣必须扣上。袜子和鞋都应贴身系紧，这样方能给人一种整洁、端正的形象。当然，用在现如今的人身上，则要求大家要注重仪容仪表，才能在人际交往中给人一种稳重端庄的形象。

现如今，我们生活中的时代也与古人的生活环境大不相同。无论是服装与鞋袜的材质、颜色或是款式，都大不相同。然而，无论处于什么年代，对一个人的仪容仪表要求却是相同的，那就是《弟子规》中所表达的整洁、端庄，唯有如此，才能给人一种沉稳大方的感觉。历史上最为有名的"结缨而死"，恐怕可以很好地诠释古人对仪容仪表的重视吧！

哀公十五年，卫国发生战乱，太子蒯聩出亡后，再次回到卫国时便发生了这场战乱。当时负责全城守护工作的是他的外甥，名叫孔悝。太子蒯聩为了组建自己的势力，一心想拉拢孔悝，寻求对方的协助。然而，孔悝畏惧国君的权力，没有答应。因而，太子一怒之下，便直接挟持了孔悝，因而，卫国的局势变得异常紧张。子路正是被挟持的孔悝手下的一名朝臣，孔子的另一名学生子羔同样身为朝臣。看到局势的变化，子羔及时逃离了卫国，行至途中碰到正要返回卫国的子路，子羔劝子路逃命要紧，然而，耿直的子路坚持要回到卫国。

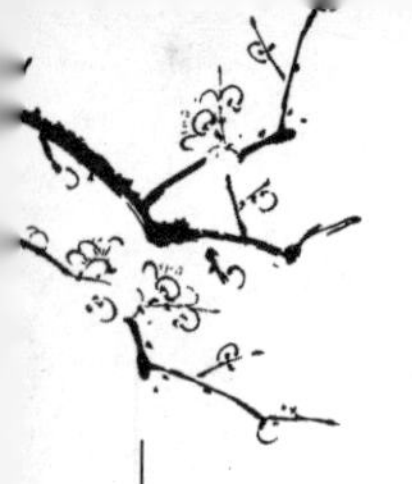

子路回去后，亲自找到太子质问缘由，并扬言如果太子敢杀了孔悝的话，他会马上找人继承孔悝之位，且势不与他结盟。除此之外，子路还对外宣称太子是一个胆小鬼，最终惹怒了太子，便派石乞和盂黡去杀害子路。显然，子路并不是两人的对手，没过多久就败下阵来。在激斗中，子路的帽缨断了，在这紧要关头，子路却说道："君子死，冠不免。"他便停下来整理自己的帽子，也正是趁着这个时机，对方结束了他的性命。临死之前，子路都还记得把自己的帽子带系好。

这就是著名的"结缨而死"的典故，子路作为孔子有名的弟子，一个非常有才华的人，最后死在帽子上，也许让人看了未免会耻笑子路的愚蠢。然而，这不正体现了古人对仪容仪表的注重吗？可现在一些年轻人为了追求个性总是反戴或是歪戴帽子，也有人总喜欢敞胸露怀，甚至穿着怪异的鞋子，还趿拉着。当然，有人认为这是一种时尚，但这种追求个性或过于懒散的穿着习惯有悖于礼仪的要求，会给人留下不好的印象。

古人云："文质彬彬，而后君子。"由此可见，一个人只有穿着讲究，才能符合君子的做法。从《弟子规》中，我们可以得知，无论何时一个人都要注重自己的外在形象，唯有如此，才能给人一种良好的印象。那么，在生活中我们应该如何要求自己呢？

1. 要选择得体的服装来体现个人的修养

服饰是人类的一种内在美与外在美的结合与统一，一个人选择什么样的衣服将直接体现他的修养与魅力。因而，人际交往中，无论你选择的服装新旧与否，都必须保持干净整洁。试想一下，一个整天穿着满身污垢的衣服的人，肯定不会给人留下良好的印象。同时，你所选择的衣服必须与身材、时间、地点等要素相符合，只有这样才能称得上是得体的服饰。

2. 还要注意穿着的细节问题

同样是一件衣服，如何才能穿出气质与魅力来，也是需要注意的。正如《弟子规》中指出“冠必正，纽必结。”想要让你的服装更显气质，就要注意一些细节问题，衣帽穿戴整齐，同时，纽扣和拉链等都要弄好，才能给人一种整齐、舒服的感觉。当然，就连袜子和鞋也不能忽视，都必须穿戴整齐。

从《弟子规》中不难看出，古代人对于衣冠整齐的重视程度，也许在现代人看来无法理解。然而，要知道养成良好仪容仪表的习惯，不仅可以体现出一个人的修养，同样还可以在人际交往中给对方留下良好的印象。这些，对于一个人的成功有着重要的意义。

因而，如果你也想在人际交往中，给他人留下稳重端庄的印象，从现在开始，请注意自己的仪容仪表。相信只要能够严格按照《弟子规》中的要求来做，你也可以拥有一个与众不同的魅力形象。

4 衣帽鞋袜要放好，不能乱扔

《弟子规》中不仅讲了如何穿着衣物，还对衣物的放置提出了要求："置冠服，有定位；勿乱顿，致污秽。"意思是说，无论是衣物还是帽子，都应放在指定的位置上。不能随手乱放，以免弄脏或弄皱衣物。生活中，不仅仅要懂得如何穿衣戴帽，从放置衣物的细节之处也可以体现一个人的修养。因而，对于每一个年轻人来讲，都要注意衣帽放置的细节。

现实生活中，有一些人总爱把衣物乱丢乱放，回过头来，需要用的时候，往往总是找不到。有时，即使经过一番努力找到了，却发现衣物不是被压得皱皱巴巴的，就是不知道在什么地方被弄得脏兮兮的，肯定也不能继续穿出去了。这样一来，必然会浪费许多时间。当然，现代人一般都会有很多衣服，还可以马上挑选另外一套出来。但在古代，很可能会因此而耽误了重要的事情。不信的话，就来看看下面这位吧！

一次，齐桓公因喝醉了酒，自然不知道把帽子放到什么地方去了。第二天早上，他醒来一看，不见了帽子，这可不得了。当然，这要是放在平头百姓身上，可能也没有什么大不了。然而，对于一国之君来说，无疑就是最大的耻辱，所以，他决定三日不上朝理政，躲了起来，任谁也找不到。

此时，正值全国灾情严重，每天都有各地的灾情上报到朝廷。形势如此紧张，却又找不到国君，朝中大臣都束手无策，因为没有人敢做这个主。最终，无奈之下，丞相管仲便擅自做主开仓放粮，使得全国的百姓能得以活命。后来，老百姓们很感激管仲，认为他是一个贤相。

这就是有名的“桓公遗冠”的故事，作为一国之君丢失了自己的帽子，在他看来无疑是一种耻辱，便躲着不肯见人。要知道情势紧张，如果不是管仲从中做主开仓放粮的话，不知道会有多少人会遭受饥饿之苦。因此可见，注重细节还是必需的，否则很可能会贻误时机也说不定。

对于古人来讲，无论是衣物的穿着，还是放置无一不在细节上提出要求。只要看到《弟子规》中“置冠服，有定位”就能了然于胸。在古代人看来，鞋帽要放在一定的位置上，两者是不能同放在一起的，即使是崭新的鞋子与帽子也是不能混为一体的，必须遵守一定的次序。

如果认真观察，你就会发现，古人总是把帽子摆放在整齐的衣服上面。当然，鞋子则是整齐地摆放在一边。因为，在古人看来帽子是戴在头上的，当然与天有关。而衣服穿在身体部位，因而应放在帽子之下。鞋子是踩在脚底下的，自然也就与地相关，相差甚远，又怎么能相提并论。这就要求人们要养成东西放在指定的位置上的习惯，这样一来，不仅找起来容易一些，也不至于弄脏东西。然而，再看看现在的年轻人，与古人相比，真是相差十万八千里。有不少年轻人回到家后把衣服、鞋子随手一扔，才不会去管它谁在谁的上面呢，更有甚者会把一只鞋子甩在东边；另一只扔在西边，抑或是两只鞋子东倒西歪的。其实，这些都是有损于个人的形象的细节。

也许有人会认为，不就是衣物摆放吗？有必要这么重视吗？也许在现代人看来，根本没有什么。然而，在古人的眼中，一个人衣物的整洁与否，摆放的位置是否正确将关系到一个人的修养问题。对于古人来讲，乱丢乱放

衣物，不仅仅会弄脏、弄皱衣物，还会有损于他们的形象问题。因而，凡事种种细节问题，都要面面俱到，方能体现一个人的真实性情。

要知道，细节更能真实体现一个人的修养。因而，如果你也想树立良好的形象，不仅仅要懂得从大处着眼改变，更要懂得在细节上下工夫，只有做到两者兼顾。要知道养成良好的生活习惯，才是拥有成功的开始！

5 穿衣打扮要考虑自己的身份和家庭状况

《弟子规》中讲:“衣贵洁,不贵华;上循份,下称家。”意思是说,一个人所穿的衣服不在于是否华丽,关键在于干净与否,而且,所选择的衣服既要符合身份,还要考虑到家庭经济情况。由此可见,古人对于选择什么样的衣服也是有规矩的。现代人还是应该有所借鉴,穿衣打扮,不能光想着讲究排场,还要讲究勤俭持家,更要考虑是否适合。

再看看我们周围,有许多年轻人全身上下都是名牌,打开衣柜一看,花花绿绿的衣服种类繁多,同一个款式的衣服有好几套。衣服的确是好衣服,可是,并没有被好好对待。有许多人穿脏一套丢在一边,要么直接丢掉,要么攒到一堆的时候再一起清洗。当然,还有一些学生不喜欢穿校服,每天穿着那些名牌进出学校。这些行为都与《弟子规》中“上循份,下称家”相违背。在古人看来,都是极为不妥的行为。要知道,自古以来,有许多大人物都是崇尚勤俭节约的。

东晋大官吴隐之,虽然地位显赫,然而却一生坚持勤俭节约。他幼年丧父,从小便跟随母亲过着穷苦的日子,因而,养成了勤俭节约的好习惯。尽管做官以后,他有能力去改变自己的生活状况,但他依然厌恶奢华。朝廷给他安置了很好的官府,他却宁肯选择住在茅草屋里,更别提什么新衣服了。他所穿的衣服都是陈年的旧衣服,然而,每件都洗得干干净净。

他不仅这样要求自己,还经常教育孩子们也要向他学习。因而,从小到大,他家的孩子们,很少买新衣服,更多情况下都是周围人家穿剩下的。眼看女儿就要出嫁,许多人想他肯定会好好操办一下。谁想到,好友谢石将军前来祝贺时,他家仍然是冷冷清清一片,这让祝贺的人都感到纳闷。谢石将军看到仆人牵着一条狗出来,于是急忙拦了下来询问。原来,老爷吩咐他前去把这条狗卖了,好为小姐置办一身结婚穿的衣服。别说是一条狗了,恐怕就是十条狗也未必能办得像普通百姓家的女儿那样风光啊!

吴隐之,虽然贵为大官,然而,却仍然过着俭朴的日子,无论穿衣还是住房都用一般的。当然,他不仅这样要求自己,同时,还要求孩子们也这样做。从小到大,也没穿过几件新衣服。就连女儿出嫁,他都只准备最便宜的衣服。其实,从古到今,历史上像他这样的人很多,还有一些人虽贵为皇帝,可是依旧坚持穿旧衣服,很少为自己置办衣服。司马光也曾写《训俭示康》来教育自己的儿子,要养成勤俭节约的好习惯。

当然,时代在进步,现如今衣服的种类也越来越多,我们可选择的衣服也越来越多。然而,《弟子规》中告诉我们选择衣服时应遵守哪些要求?

1. 衣服的选择要注重使用性,不在于价值高低与牌子响亮与否

虽然,服装发展到今天,已经渐渐脱离了取暖的意义,更多的是代表一个人的身份与地位。然而,作为年轻人在选取衣物时还是应先考虑他的使用价值。即使再华丽、昂贵的衣服,如果不能够派上用场,那么,也只是形同虚设。因而,年轻人选择适合自己且使用性强的衣服,才是基本原则。

2. 衣服的选择要符合人物的身份、场合,才能更好体现良好形象

对于年轻人来说,想要让服装最大限度地体现你的完美形象,那么,你的服饰必须符合你的身份与穿着场合。否则,即使再昂贵的礼服,你把它穿

到会议室里，也只会让你显得不伦不类。同样，如果身为教师，你去选择一些过于紧身、暴露的衣服，也是有损形象的事情。因而，选择符合身份与场合的衣服，才是展现你良好形象的前提。

3. 衣服的选择还要考虑到自己的经济情况，才是明智之举

当然，选择适合自己的衣服，还包括衣服的价值应该符合自身的经济条件。生活中，有许多年轻人一味地追求名牌、追求高档，到头来只会让自己囊中羞涩。爱美之心，人皆有之，然而，我们没有必要为自己一时的虚荣心给自己、给父母带来经济负担。无论何时，养成勤俭节约的好习惯，对自己、对社会都是大有裨益的。

社会在飞速发展，人们的经济生活水平与古代相比，也有了很大的提高。然而，无论社会发展到什么程度，一些优良的社会传统还是不能丢的。作为一个现代年轻人，更应该在穿衣打扮上，养成勤俭节约的良好习惯。

6 不挑食、不暴饮暴食才能拥有健康的身体

《弟子规》中讲:“对饮食,勿拣择;食适可,勿过则。”它的意思是说,一个人在吃饭的时候,应该注意营养均衡,不能挑食,也不能偏食。科学的养生之道就是,每顿饭吃八分饱就可以了,不能吃得过饱。这样既可以给身体提供足够的营养,又可以避免不良饮食习惯危害到身体的健康。人生的美好时光一去不复返,因此,注重饮食,打好身体基础才是关键。

所谓“民以食为天”,从古到今,无论哪朝哪代,吃的问题一直都是人们最关注的问题。一日三餐,看似简单,然而,吃什么,怎么吃也是有讲究的。古人从一个人的吃相上,就可以看出他的文化与修养来。因而,千万别小瞧了一顿饭,稍不注意很可能把你的前途吃掉呢,看了下面这位,你就自然相信了。

郑浣是唐代的文学家,此人一生主张勤俭节约,对食物更是不挑挑拣拣的。一次,他的远房亲戚到他家来做客。因为出身较低,也没有见过什么世面,自然也就不懂得什么礼节问题。看到他身上的破旧衣服,全府上下的人都在嘲笑他,除了郑浣之外。因为,他觉得这也正体现出此人的质朴。细问缘由,才明白他是想借郑浣之力,谋得一个好差事,也好将来衣锦还乡,光宗耀祖。念及此人上进心强,郑浣也就没再推脱,立马修书一封给当地县令,看能否给他谋一个好差事。很快,事情已办成,郑浣打算请他吃饭以此送行。

饭桌上，摆上来了一道蒸饼，原本是一席美味的饭菜。可是，再看看客人的吃相，不由令郑浣感到大失所望。原来，客人顺手便把蒸饼皮撕下，掏出里面的瓤吃起来。吃兴正浓的客人听到郑浣的叹息之后，吓得双手哆嗦着把手中的还仅存的面皮递了回来。最后，当着客人的面，郑浣把剩下的面皮全吃了。通过吃饭让郑浣认识到，他的亲戚虽然出身贫寒，然而，却没有一点质朴的本性，根本担当不起重任，就改变主意，把他送回老家去了。

由此可见，古代人还是比较注重饮食，不仅注重饮食的内容，还很重视饮食的礼仪。故事中，郑浣就是依据客人对食物的态度评定他的品德与修养。当然，现代年轻人同样也需要注重饮食细节，养成良好的饮食习惯。那么，《弟子规》中，对人的饮食提出了哪些要求呢？

1. 饮食要全面、营养均衡搭配，不偏不挑，才能补充人体所需要的物质

古人的《饮食十经》里明确提出："凡所好之物，不可偏耽，耽则伤身生疾；所恶之物，不可全弃，弃则脏气不均。"这就是告诉大家，吃东西的时候，不能挑挑拣拣，不能偏食，否则，会造成营养失调，最终会引起身体的不适。因而，想要养成正确的饮食习惯就要懂得荤素搭配，多吃蔬菜，各种食物都要摄取一些。

2. 饮食要适量，过犹不及

《弟子规》中讲："食适可，勿过则。"吃饭的时候，要做到定时定量，八分饱就可以了，如果饮食过量的话，不仅不利于健康，相反，还会加重身体的负担，久而久之，还会损害身体健康。当然，古人《饮食十经》里面，也有讲述："饮食有节，则身利而寿登益，饮食不节，则形累而寿命损。"由此可见，正确的饮食习惯还应保持有节制地饮食。

3. 除此以外,还应注意饮食的礼仪

古人云:“站有站相,坐有坐相,吃有吃相。”当今社会更是如此,因而,形成良好的用餐习惯很重要。那么,现实生活中,用餐时都有哪些礼仪要求呢?

(1)在古人看来,“食不语”是最重要的一点。吃饭的时候,尽量不要说话,更不能谈笑,同样也不能发出太大的声音。如果必须如此的话,也要等食物咽下去后再说。

(2)吃饭的时候,不能在菜盘里或碗里挑来拣去。生活中,有一些人从小就喜欢吃饭的时候挑来拣去,其实,这是一种不好的习惯。如果一旦发现这些问题,就要及时纠正。对于年轻人来说,养成良好的饮食习惯很重要。

想要养成一个良好的饮食习惯,不仅要注意营养搭配全面,还要注意定时定量用餐,才是拥有健康身体的前提。当然,也不能忽略一些基本的用餐礼仪。如果你也想要拥有一个良好的饮食习惯的话,从现在开始,从以上几方面努力吧!

7 不要因为喝醉而丑态毕露

中国是酒的故乡,更是酒文化的极盛地。在许多场合,饮酒的意义远不止一种消费,更是一种文化的消费,也是一种礼仪。早在几千年以前,古人就知道饮酒可以养生。然而,如果你认为饮酒是一件简单的事情,可就大错特错了。《弟子规》中讲:“年方少,勿饮酒;饮酒醉,最为丑。”它的意思是说,岁数还小的时候,不能饮酒。即使成年人喝醉了酒,也是最大的丑事。由此可见,饮酒也是有原则的,如果不当的话,很可能会带来是非。

从古到今,无论哪个朝代都知道“年方少,勿饮酒”的规定。因为,酒中含有的酒精成分不经过消化系统,经过胃后,将直接进入血管,经过一系列循环后,最终会到达大脑和神经中枢,并产生很大影响。对于未成年人来讲,智力还尚处于发育阶段,身体的结构对于酒精的抵抗能力也是有限的。如果经常喝酒的话,对于大脑的发育是有害的。因而,对于青少年来讲,从健康方面考虑是不能饮酒的。

然而,现在的中学生经常会参加一些同学生日聚会,以为喝一些啤酒不碍事。其实,如果碰到心情不好或情绪低落的时候,即使少量的啤酒也会影响大脑的正常思维。俗话说:“酒壮怂人胆”,很多时候在酒精的刺激下,做出一些失去理智的事情来。因而,对于青少年来讲,什么酒都不要沾,才是确保健康的前提。

当然，有些人会认为，反正我已经是成年人了，也就不用担心这些事情了。当然，是不是说成年人就可以随意饮酒呢？成年人喝酒的时候应该注意哪些方面呢？《弟子规》中早就给了我们答案："饮酒醉，最为丑。"也就是说，成年人可以饮酒，然而，要有一个度，不能喝醉了，否则的话就会丑态百出，更有甚者因为喝酒误了大事。

《三国演义》第十四回讲道，刘备原本奉诏书准备讨伐袁术，便派张飞前往镇守徐州地盘。却说张飞自送刘备离开后，所有的事情都交由陈元龙管理。忽有一天，张飞设宴请各官赴席，名曰，明日起戒酒，命众人今天痛快喝好。张飞连饮几十杯，不觉大醉，便强逼曹豹喝酒。无奈之下，曹豹便想借吕布的面子为自己开脱，谁知这一举动反把张飞给激怒了。曹豹不但没有达到目的，反倒白白因此而挨了五十大板。

曹豹对此怀恨在心，回去以后便连夜差人赍书一封，让人给吕布送信，说张飞对自己的无礼之举。信中还说，刘备已经离开，夜里可以乘张飞大醉之机，派兵前来攻打徐州。见到信后，吕布便召集人前来讨论军事。经商定，吕布率领五百骑先行出发，攻打徐州。在曹豹的接应下，打开城门，使得吕布大军齐入城内。虽然，张飞此时深感愤怒，怎奈正在醉中，不抵敌军，无奈之下连刘备的家眷都顾不上，在侍卫的掩护下杀出东门。

尽管张飞顺利地逃了出来，最后也把曹豹除掉了，可是，徐州城还是在他手上失守了。刘备的家人此时却被吕布困在城中，正等待有人前去营救。

事情之所以会如此，全在于张飞醉酒，强行灌曹豹酒。听到曹豹借吕布为自己求情时，他竟然打了曹豹五十大板。正是因为他的醉酒，最终得罪了曹豹，才引来曹豹与吕布里应外合，最终痛失徐州。由此可见，饮酒过量的话，很容易醉酒，洋相百出还是小事，重者还可能误国误军，引来诸多是非。

历史上喝酒误国的事情还有许多，也许有人会说现在时代不同了，就是喝再多的酒，也不可能会到误国这么严重。再说，历史上不是还有那么多喝多了酒写诗出名的吗？什么诗仙、诗圣等，不都是喝多了酒才能创造出那么多名篇的吗？要知道，你也不是什么大诗人，清醒着都写不出什么，就更别指望醉了能写出什么了。再说，我们身边喝醉酒的倒是不少，不见什么有名的，更多的是出交通事故，人事纠纷的，更有甚者喝醉了酒还闹出人命来，不是被伤害，就是走进监狱，结束了自由身。因而，适当饮酒最重要，既可以保持身体健康，又可以维护自己的人身安全。

无论作为一种饮品，还是一种独特的文化，酒都有着它独特的魅力。几千年来，它早已融入我们的生活之中，成为不可或缺的一部分。然而，我们在享受它带来的好处的同时，还应该注意到它的危害。对于年轻朋友们来说，珍惜生命，适当饮酒，远离是非吧！

8 站如松，行如风，坐如钟，卧如弓

一个人想要给他人留下好的印象，不仅要注意自己的仪容仪表，还要留心自己的仪态举止。古人对一个人的仪态要求也有形象的概括："站如松，行如风，坐如钟，卧如弓。"当然，《弟子规》中，也有对仪态的规定，具体如下："步从容，立端正；揖深圆，拜恭敬。"意思是说，走路的时候要从容镇定，站立时要笔直端正；作揖时，腰要低下去，形成一个大大的圆形，叩拜时应该毕恭毕敬。

中国自古就是礼仪之邦，几千年来的灿烂文化，同时也形成了高尚的道德准则和礼仪规范。在《论语》中，孔子曾提出："君子不重则不威，学则不固。"在他看来，一个人只有庄重才能有威严，否则，即使学问再高，也不能巩固。当然，这里所说的庄重，就是要求我们要有良好站、行、坐、卧的姿态。因为，在古人看来，一个人举止庄重，进退有礼，执事谨敬，不仅可以保持良好的形象，有助于维护人的尊严，同时，还有助于进德修业。

古人对仪态的要求，不免过于严格，然而，这些规范对于现代年轻人来讲，也还是很有必要的。因为，人际交往中一个人的仪态不仅体现了他的修养，而且还会影响到别人对其的评价，更有甚者会直接决定他的前途与事业。相信读了张九龄的故事，你就会明白其中的道理。

唐朝有一个名叫张九龄的诗人，他还是一位出色的政治家。虽然，他的出身并不是那么显赫，然而，他满身的才气为自己赢得有利的条件。几经努力，他终于被提拔为朝中大官。然而，满朝的文武百官，真正能得到当朝皇帝赏识的还并不多。可是，张九龄就是这为数不多的人之一。

其实，他能够受到皇上的赏识，并非缘于他的文才，更多是在于他的气质风度。他曾被唐玄宗誉为"曲江风度"，正是因为他注重细节才得以受此厚爱。据史书记载，张九龄每天上朝时，很注意自己的仪态风度，举止得当。无论站、行、走，都能体现出一种精气神来。刚开始的时候，他并没有受到皇上的重视，然而，每次上朝时，满朝的文武大臣中，只有他一个人看上去风度翩翩，举止不凡，因此深得皇上喜欢。一度，连皇上都有些自叹不如，张九龄正是源于注重自己的仪态，才能受到皇上的重视。

在这个故事中，张九龄正是凭借着自己的仪态举止，才能在众多文武百官中脱颖而出。由此可见，在古代人看来，一个人的仪态问题，是体现对方修养与内涵的真实写照。当然，关于这点，就是放在现在这个社会，也是完全符合的。无论什么时候，一个仪态优美、举止得体的人都能够给人一种美好的享受，更容易打动他人的内心，因而，这样的人想不成功都难。也许有人认为，单用仪态来评定一个人有失偏颇，应该注重内在的东西。然而，没有令人信服的外在美，又如何能吸引人去探究内在美呢。

《弟子规》中除了规定了良好的举止以外，还提出了一些行为禁忌："勿践阈，勿跛倚；勿箕踞，勿摇髀。"意思是说，进门时，不能站在门槛上，同样，站着的时候，不能一只脚着地，一只脚后抬，使身体全部靠在脚上。坐的时候，不能双腿叉开而坐，更不能坐下来摇动大腿。当然，这些东西放在现代人身上也是行得通的。

生活中，有一些人站着时一脚支着，一只脚随意抖动，更有一些人坐在

位子上总喜欢双腿叉开或是跷着二郎腿，时不时地抖动着。还有一些人认为靠墙单脚而立的样子很潇洒，很酷，其实，这些都是有失礼仪的行为。一个讲究礼仪的人，无论做什么动作，都会严格按照规定来做。那么，良好的形体姿势都有哪些要求呢？

1. 站姿要求

站立时，抬头、挺胸、收腹，这样才能给人一种挺拔的感觉。抬头时，要懂得微收下颌，使头和下巴保持一条线。同时，双肩放松，双手下垂放于身体两侧，后背保持垂直，双腿绷直且保持并拢。

2. 走姿要求

在站立的基础上，行走时双眼平视前方，注意行走在一条直线上，避免走“八”字步。行走时，身体保持直立，用腰带动脚下，随重心开始移动。

3. 坐姿要求

坐姿是在行走姿势上，发生改变。因而，先要注意坐下时的动作。坐在位子上时，可以根据场合与坐的位子不同适当改变。然而，最重要保持双腿并拢或稍侧，同时，身体坐直或稍前倾，不能给人一种散漫、悠闲的样子。

优雅的仪态，不仅可以体现一个人的气质与风度，还可以给人留下完美的印象，有助于人际交往中的开展。如果你也想变得优雅起来，从此刻开始，从每一个细节着手吧！

9 举手投足要从容稳重

“人无礼则不立，事无礼则不成，国无礼则不宁。”早在两千多年前，孔老夫子就提出“以礼服人”、“以礼治国”的思想。礼仪就是一个人的行为规范，从一个人的一举一动，一言一行，可以体现出他的修养与素质。因而，一个人的修养与气质往往体现在细节上。那么，古人对一些日常琐事有哪些要求呢？《弟子规》早已给出了答案。

现代人生活节奏加快，许多礼仪举止渐渐被人遗忘。因为生疏不习惯，祖先们留下的一些良好礼节竟然已被视为“繁文缛节”。其实，无论哪个年代，人还是需要用礼仪来约束自己，更何况中国自古就有“礼多人不怪”的传统。那么，作为现代人，日常生活中，应该遵守哪些礼仪呢？

1. 进门、转弯的礼仪

《弟子规》讲：“缓揭帘，勿有声；宽转弯，勿触棱。”意思是说，进门时要轻轻揭起帘子，不能发出声音。转弯的时候，应尽量远离物体，避免碰到家具的棱角。生活中，许多年轻人活力四射，走到哪里都弄出很响的声音。其实，这些都与一个有修养的人是不相符的。现在，已经很少有门帘，就更应该轻开门、关门，以免弄出声响来，打扰别人。要想给他人一个从容稳重的印象，走路拐弯时也应注意远离物体，以免碰到物体跌倒。这些要求，同样也适用于现如今的年轻人。

2. 取物,入室的礼仪

《弟子规》讲:"执虚器,如执盈;入虚室,如有人。"意思是说,一个人提物品行走时,即使拿着空的器皿,也要像是盛满物体一样拿着。到一个没有人的房间里,仍然要像在有人的房间里一样自觉端庄。也许有些人认为这根本没必要,其实,这些要求对于现代人来讲尤为重要。"不欺暗室",可谓是古人对"入虚室,如有人"最高境界的表达。

刘向的《列女传·卫灵夫人》中记载,卫灵公一时心血来潮,下令凡是经过宫殿的人,都应在宫门外冲着天子方向鞠躬。刚开始,文武百官和百姓还都会严格遵守。然而,时间一长,人们自然也就有所怠慢。尤其是夜晚时分,城门关闭的时候,更是没有人会去这样做。

然而,一天卫灵公与夫人座谈,忽然听到紧闭的城门外传来马车的声音,没过多久,就到达城门前,马车也停了下来。没过多长时间,马车声渐行渐远。于是,卫灵公便问夫人,"你知道这个人是谁吗?"灵公夫人答道:"这是蘧伯玉。"听后,灵公便问原因。夫人继续答道:"我听说君王要求所有人在城门下行礼,以示尊敬。忠臣与老子不会在大庭广众下信誓旦旦,更不会在黑暗中改变自己的操守。蘧伯玉是卫国品行端正的大夫,仁而有智,对国家尽忠职守,他是不会因为没有人看到而忘记礼节的。"后来,经过证实,此人的确是蘧伯玉。

这就是"君子不欺暗室"的典故,对于现代年轻人来讲,也应该按照这个标准来要求自己。要知道,一个举止沉稳的人,无论手中是否拿东西,都应该保持一种从容的步伐,给人一种庄重的感觉。同样,一个举止得体的人,无论出入有无人之境,都应该自觉自律。像那些在无人的房间里这里看看,那里瞧瞧,翻箱倒柜的行为,都是不妥当的。只有坚持自我约束,才能养成良好的习惯,培养良好的个人修养。

3.《弟子规》中还提出做事的礼仪

《弟子规》中讲:“事勿忙,忙多错;勿畏难,勿轻略。”它的意思是说,做事的时候,不要匆忙,否则容易出错。当然,做起事来,不能害怕会困难重重,更不能眼高手低,不去做就在认为容易。在古人看来,做事从容,态度端正,是君子必须拥有的行为。生活中,有些年轻人做起事来毛手毛脚,或者丢三落四,必然会出很多错误。甚至,更有一些年轻人没动手就被事情所吓倒或过于轻视,不屑于动手。其实,这些都是成大事者的大忌。当然,对于现代人来讲,做一个有修养的人也必须做到这点。因而,学做一个有修养的人,就要从正确的做事态度开始!

在古人看来,君子不仅要有良好的风度,更应该懂得一些行为举止礼仪。当然,对于现代人来讲,同样有如此要求。因而,如果你想做个有修养的人,那就从生活中的细节入手吧!

10 远离不良环境，保持善良心性

随着社会向着多元化发展，各种各样的意识形态在我们身边慢慢形成。当然，在我们的周围有一些好环境，然而，同样也存在着一些不良环境。所谓“近朱者赤，近墨者黑。”一个人如果经常深受不良环境的影响，时间一长很容易被同化。《弟子规》中，关于这点，也提出了要求，“斗闹场，绝勿近；邪僻事，绝勿问。”因而，远离不良环境，保持善良心性，是一个人修身养性的根本。

《弟子规》中“斗闹场，绝勿近；邪僻事，绝勿问”的意思是：凡是容易发生争吵打斗的不良场所，如赌博、色情等是非之地，要学会强烈拒绝。一旦接近的话，很容易被卷入旋涡，从而受到不良影响。同样，一些邪恶下流、荒诞不经的事情，更应该学会拒绝，要做到不看、不听，更不能去好奇打听，以免玷污了纯洁的心灵。它旨在告诉大家，远离不良环境，是保持纯真心灵的最好办法。否则，你也可能会像下面这位一样，被腐蚀还不自知呢！

现代小说家穆时英出道初期，经常写一些反映底层民众生活的小说，引起文坛的关注。如，他的处女作《咱们的世界》，以及后来的《黑旋风》、《南北极》都属于这一系列。而正是《南北极》的发表，让他得以成名。

成名后的穆时英把写作目光放在光怪陆离的都市生活上，其描写对象，也都是在充满诱惑的都市背景下，迷恋于声色之间的都市客。为了找到写作灵感，他混迹于上海的夜总会、咖啡馆、酒吧、电影院、跑马厅等各种娱乐场所。长时间的接触，为他的写作提供了大量的素材与创作灵感，同样，也为他提供了更为丰富的人生阅历。随着他的小说《白金的女体塑像》等代表性作品出版，他也的确享有了更大的声誉。然而，他整个人也有了很多的变化。

春风得意的他，浑身上下弥漫着浮华的气息。在 20 世纪 30 年代，能够住进公寓的人，绝不简单，而他就是那里的常客。丰厚的稿酬让他有能力去支付每月 45 元的租金，更有能力去过那些奢华的生活。

出名时，他还不到 30 岁，但他却早早就开始沉迷于那些灯红酒绿的夜生活，放弃了奋斗和追求理想。慢慢地，他已经无法离开那些奢华的生活，更迷恋上了回力球赌博，日复一日，以至于无法自拔，到后来，他根本无法写出什么像样的作品了。

穆时英，这位 20 世纪的文艺青年，原本有着更加美好的前途。然而，因为写作的缘故，他不得不与上海那些萎靡奢华的生活打交道。在不断的接触中，他虽然找到了写作的灵感，然而，却最终迷失了自己，让自己陷入那种低俗的生活中无法自拔，最终毁了自己的写作之路。

社会在发展，我们的生活环境也在改变，随着社会信息化的发展，一些信息产品也在慢慢改变着人们的娱乐习惯。放眼望去，有许多年轻人整天不思进取，沉迷于网络游戏之中，当然，也有一些人因为没有钱上网，最终走上犯罪的道路。还有一些人，被一些色情、下流的文化所腐蚀，触犯法律。因而，拒绝诱惑，远离不良环境是每一个人都应该自觉遵守的行为规范。那么，《弟子规》如何指导我们来修身养性呢？

1.“斗闹场，绝勿近”教导我们，远离打架斗殴、赌博色情等地

在我们的周围，一些人受利益的驱使会盲目地运用武力去解决问题。其实，这是最不明智的，也是损人害己的事情。作为年轻人，遇到这种情况要学会拒绝，能避多远就避多远。同样，对那些蛊惑人心的下流、低俗的文化，也要坚决抵制，这样才不会迷失心智，深陷其中而无法自拔。

2.“邪僻事，绝勿问”教导大家，培养人格魅力，拒绝接受那些不良的现象

生活中，有些人本性并不坏，有时因为好奇某些不良现象，追根究底，由于个人的自制力不强，到头来却让自己陷入其中。因而，对于现代年轻人来讲，不要做那些挑战个人自制力的事情，对那些不好的东西，最好做到不听、不看、不好奇，才是明智的做法。

良好的环境可以帮助一个人健康地成长，一旦环境发生改变，人的内心很容易被外物所同化。《弟子规》告诉大家，远离这些不良环境，是保持心灵纯洁的最好办法。因而，从现在起做一个身心健康的人，主动抵制不良环境最关键。

11 登门拜访要注意礼貌修养

《弟子规》中，不仅对人们的举手投足做了严格的要求，甚至还对去别人家串门应遵守的礼仪规范也做出了明确的规定。《弟子规》讲："将进门，问孰存；将上堂，声必扬。人问谁，对以名；吾与我，不分明。"

这几句话的意思是说，我们到别人家去拜访，将要进门的时候，应该先问一下家里有人吗？当然，没有得到对方的回答，而你又可以顺利地走进院内，将要进入客厅的时候，一定声音提高一些，再次询问是否有人在家里。如果对方问你是谁的时候，要报上自己的姓名来，不能用"我"来作为答案，这样的回答很可能让对方根本不知道你到底是谁。这些在《弟子规》中，都已做出明确的规定。这样一来，不仅可以表现一个人的礼貌与修养，同时还可以避免碰到一些令双方难堪的问题。

然而，现实生活中，有些人去别人家做客的时候，总认为双方关系很好，根本没有必要注意这些细节问题。多数情况下，往往就是推门而入，或者是一上门来就弄出很大的声响，以图使屋内的人听到外面的声响，从而来开门。其实，这些都是不礼貌的行为，在古人看来，这样的作为也是有失君子作风的。而且，古代伟大的学者孟子也曾因为进门的问题，差一点演变成一场休妻"大战"。不信的话，咱们就一起来看看吧！

有一天，孟子外出回家，因为家里只有他的妻子与母亲两人，所以，孟子

也就没有考虑那么多,到了家门口后,二话没说,推门而入。结果,不看不打紧,这一下,把孟子全身怒气都调了起来。此时,他的妻子正叉开两腿坐在屋内。孟子见到妻子如此粗俗的坐相,顿时产生休掉她的念头。于是,孟子转身便找母亲商量此事。当母亲询问原因时,他便将亲眼看到妻子叉开腿坐的真相说出来。最终,做母亲的用古人的进屋礼仪让孟子意识到自己错误所在,才将这件事情压了下去。

在这个故事中,孟子回家进门时,没有询问便直闯妻子休息的内屋,以至于看到妻子不雅的姿态。女人叉腿而坐,这在封建社会属于很不文明的现象,然而,孟子也有错在先,那就是进屋时没有遵守礼仪。最后,还是在孟母的劝说下,孟子才认识到自己的无礼行为,从而,让他打消了休妻的念头。由此可见,在古人看来,登门之时,不讲究礼仪规范也是有违君子作风的事情。

登门拜访,是人际交往中最基本,最常见的一种形式。大家朋友一场,通过互相串门走动,可以增进彼此之间的感情联系。然而,看似简单的交际活动,如果不懂得遵守其中的礼仪规范的话,很可能会适得其反,把事情演变得更为糟糕。那么,从《弟子规》中,我们可以得到哪些启示呢?

1. 进门之前,先用文明的方式通知对方

当然,古时候家家户户都是院墙高筑,想要进到厅堂上,必须先要经过大门。随着社会的发展,在大城市当中,多数都安装了防盗门。那么,在这种情况下,当主人家大门紧闭的时候,要让对方知道你的存在,必须学会文明敲门或使用门铃。无论是敲门还是按门铃,都要做到不紧不慢,力道均匀,以免噪声过大,影响到周围邻居的休息。

如果主人家的门微掩着,必须先站在门口,询问:“请问,有人在吗?我可以进来吗?”如果没有得到回答的话,可以轻轻地推开微掩着的门,走进去后,提高音量再次询问是否有人在,自己能否进来。

2. 当屋内主人问道“你是谁?”时,要准确地报上自己的姓名

当然,现代社会,每个人的安全意识都很强,很多时候,听到有人来访时,都会询问对方的姓名,以此来判断是否前去看门。因此,正确的做法是,准确地报上自己的姓名,如果双方交情还不深的话,还必须报上准确的资料,以便让主人在最短的时间内回想起你。

现实生活中,也有一些人当被主人问到姓名时,往往会回答“我”,这样的答案不容易让对方从声音分辨出你的真实身份,有时,可能还会造成一些尴尬场面。

3. 进入屋内后,依然要保持礼貌的举止

关于进门的礼仪,不仅《弟子规》中已做出要求,在《礼经》中也明确提说:将入房,礼必下。意思是说,将要进入主人家门时,眼睛应朝下看。这样可以给对方留足准备时间,避免造成尴尬的局面。当然,这一条在当前社会环境中,也是完全行得通的。

生活中,当大家去别人家登门拜访时,这些礼仪规范是必不可少的。当前环境下,我们想要去别人家拜访之时,最好还是要事先约好,给他人留下准备的时间,以便达到成功拜访的目的。

12 好借好还，再借不难

日常交际中，我们还会遇到因急事而向他人借用物品的时候。别小瞧了这“借”的讲究，稍不注意，很可能会让你吃闭门羹。由借东西所引发出来的问题，从《弟子规》中便可以得知，早有存在。那么，到底《弟子规》中对于借还物都有哪些要求？

《弟子规》中讲：“用人物，须明求；倘不问，即为偷；借人物，及时还；后有急，借不难。”它的意思是说，用别人物品时，必须先向对方直接求取，如果不经询问便直接使用的，即为偷盗的行为。借用别人物品，使用后要及时还给对方，以后再有急事需要向对方借用时，再借起来也就不难。由此可见，对于大家来说，想要做一个有道德、有修养的人，养成良好的借还习惯，才是最重要的。正如古训所言：好借好还，再借不难。

现实生活中，总有一些人向人借东西时要么不经询问直接就拿走，要么，用完后，从不考虑对方会不会着急用，私自把对方的物品留下，迟迟不肯归还。当然，也有一些现代人自己不愿意花钱去买东西，总是张口向别人家去借东西。到头来，弄得主人家非常郁闷，反过来还会说对方太小气，不够道德等。

其实，借物还物是生活中最为常见的交际现象。人生在世，谁能够保证不会有求于人，然而，如何借如何还却是一门深奥的学问。如果能够掌握这个技巧，相信每一个人都可以轻松地获得他人的帮助，以解燃眉之急。反之，很可能一件小小的事情，都会为你的借物之路增添许多障碍。那么，现实生活中，大家在借物的时候，要注意哪些细节问题？

1. 借物须经对方批准，方能体现你的诚意

《弟子规》讲："用人物，须明求，倘不问，即为偷。"即使你要向对方借的东西，微小到一根针，都要向先向对方征求意见，看对方是否正在使用，是否愿意借于你。试想一下，如果你有一件东西，他人不经过你的同意便直接取走的话，害得你以为丢失而像没头苍蝇一样到处乱找，势必会心生怒气。可能即使他人用后及时归还了，你也肯定还会内心有怨气。自然，也就会为以后再借之路增添阻碍。何况，在某些情况下，如《弟子规》所讲，如果你不经对方同意直接取走的话，很可能会以偷盗之罪论处。因而，借物之前，先言辞恳切地向对方表明你的困难之处，定会博得对方好感，相信借到物品自然不在话下。

2. 借人物，必须在保证的期限内及时还回来，方能显示你的诚信

生活中，有些人借东西后，总像大爷一样，等着对方上门来要，有时，甚至还会避而不见，其实，这些都是不正确的做法。无论你借的钱、物，还是什么贵重的东西，用完之后都应及时归还对方。这一点《弟子规》中也有明确提示，甚至还表明这样做的原因。如"借人物，及时还；后有急，借不难。"试想一下，你一次两次的借东西不还，或是拖拖拉拉还等对方上门来要，只会让对方心生反感，以后若要再开口来借，恐怕傻子都不会再相信你的话。因此，借人东西不信守承诺，无异于自断退路。

3. 借人东西，应倍加爱护，方能体现你的真诚

生活中，总有一些人拿着借来的东西炫耀自己的人缘，美其名曰：用他

是看得起他。可是使用起别人的东西来，肆无忌惮或横冲直撞，更别提爱惜有加了。等到还东西时，诉说自己的“不幸”，或是找借口推脱自己的责任，只会惹得物品主人不高兴。如是再二再三的话，结果可想而知，下次登门相求之时，势必会遭到对方的婉拒。

4. 保持良好的人际交往形象，勿大物、小物都求助于别人

生活中，难免会遇到一些以自己的能力实在无法解决的问题，倘若你诚心诚意，必定会得到他人的帮助。然而，如果事无巨细，所有东西都向人开口的话，大家都会远离你，更别提借物了。因而，一些生活必需品，或用完后无法归还的物品，还是少借、不借为妙，方能为自己博得信誉。

人际交往中，借人物品，如果能够做到有礼有度，自然会为你打开一条通畅的大道。然而，现实生活中，在利益的驱使下，许多人却忽略了这一点，造成了“人情淡薄，借物太难”的尴尬局面。如果能够从以上几方面做起，相信你也可以成为通过巧借，实现幸福人生的人。

信

1 开口不说妄语，诚信是最重要的品质

《弟子规》中，“信”的开篇部分就提出“凡出言，信为先；诈与妄，奚可焉”！它的意思是说，只要开口说话，诚信是最为重要的。怎么可以有意欺骗别人或胡说八道呢？在古人看来，与人交谈，最重要的就是说话的内容必须保证真实，这也是为人处世的根本。当然，对于这一点，现代人也是必须遵守的。开口说话，须以诚信当先。

纵观历史，古往今来，多少志士仁人都是因为说话做事讲诚信，为自己成就了良好的名声和事业。然而，随着社会的发展，在利益的驱使下，有些人不惜改变自己的做人原则，处处奉行见机说话，溜须拍马之类的行为。到头来，弄得大家彼此心存怀疑。其实，无论从什么角度来讲，这些行为最终都将导致个人的信誉受损，从而影响到社会的发展与进步。因而，说话讲究诚信是我们必须遵守的道德准则。相信看了下面的故事，你也会对此深表赞同。

晏殊是北宋时期有名的词人，他曾在十四岁的时候就被冠以神童之名，推荐给皇帝。于是，皇帝便决定让他与一千多名进士同场参加考试，以推测他的真实能力。谁想到，试题发下来一看，上面的题目都是他前不久刚刚训练过的，如果他不言语的话，凭着这份试卷，势必会取得一个好的成绩。然而，晏殊并没有如此做，他认为这样一来，即使取得了好成绩也会有愧于自

己的内心,他主动提出要重换一份试卷来考。新的考卷,也并没有难倒他,没多长时间,他便洋洋洒洒地写出一篇气势恢弘的作品。皇帝见此情形,不仅夸他才学高,而且做人讲诚信,因而,便封他为官。

后来,真宗皇帝提升晏殊为辅佐太子读书的东宫官。许多大臣感到惊讶,不明白皇帝为什么会做出这样的决定。原来,事出有因,当时正值天下太平,文武百官自然也就没有什么要事需要处理,便形成了郊外游玩或吃喝玩乐的风气,皇帝便派人明察暗访。派去的人回来向皇帝回道:"唯有一个人没有这么做,他只是足不出户,闭门读书。"这个人便是晏殊。皇帝立刻召集群臣,当着大家的面,大加赞扬他的行为,这要是换了别人的话,也就只有"谢主隆恩"之类的话,当然,免不了还要自我夸奖一番。然而,晏殊却不紧不慢地答道:"回禀皇上,臣其实也是一个爱吃喝玩乐的人,然而,无奈身上没有闲钱,也只有以书为友。如果我要是有钱的话,恐怕也早就参加游宴去了。"听了他的话,皇帝不仅没有怪罪于他,反而因为他能在这种场合下讲出实情,而更信任他。最后,他便理所当然地成了陪太子读书的合适人选。

在这个案例中,晏殊两次都能讲出实情,最终为自己树立了威望,同时也深得真宗皇帝的信任。无论是讲出考题的真相,还是道出不参加游宴的真情,不仅没有让他的形象受损,反而更为自己的成功打下坚实的基础。由此可见,在人际交往中,能够诚信待人的人一定可以在交际场上树立良好的形象。那么,在与人沟通时,我们要如何做到诚信待人,以信赢人呢?

1. 端正你的说话态度,严格要求自己是根本

俗话说:"君子一言,驷马难追。"现实生活中,有些人与外人在日常交谈中,通常能够严格要求自己。然而,一旦涉及一些别人无法知道的内情时或是其间存在着利害关系时,则可能会在利益的驱使下,做一些违心的举动。

其实,真正的诚信待人,不仅要求大家对一些众所周知的事情实言相对。同样,对于那些他人无法洞悉到的内心话,更应该如实说明。

2. 要想树立良好的形象,言行一致,说到做到

现实社会中,一个人讲诚信,不仅仅要以诚示人,以真话示人,同样,还要学会信守承诺。如果答应了别人的事情,无论多么艰难,都要严格要求自己,履行诺言,方能为自己树立良好的形象。其实,讲究信用,不仅是一个人的一种道德观念,在现实国情下,更是一个人无形中的财富。

《弟子规》要求我们要说话讲究诚信,其实,关于这一点在《论语》中也早已提到:“人而无信,不知其可也。”在古人看来,一个人如果失去了诚信,那么,注定什么事情都不可能成功。因而,诚信,不仅是一个为人处世的行为准则,更是当代人成就事业的法宝。做一个讲诚信的人吧,如果能够做到这点,相信你会有不一样的人生。

2 谨慎言行，切忌花言巧语、污言秽语

与人交谈时，一个人想要会说话，单单只是讲信用，是远远不够的。良好的表达技巧，还包括对说话的内容多与少和真实度等问题都要把握好。当然，这些在《弟子规》中也早已有了明确规定。那么，《弟子规》中是如何教导大家说话行事的？

《弟子规》中讲："话说多，不如少；惟其是，勿佞巧。"意思是说，说话的时候，说得多，不如少说一点，说话还要讲究实事求是，绝不能坑蒙拐骗。其实，关于说话多少的问题，《论语》中也有提到"君子欲讷于言而每敏为行。"意思是说，一个人要少说话，多做事。因而，想要巧妙地表达出自己的意思，大家应该做到谨慎言行，实事求是才是关键。通过对《弟子规》的学习，现实生活中，大家应该如何把握说话的艺术？

1. 掌握说话多少的分寸，方能不失言

《弟子规》讲："话说多，不如少。"生活中，有些人总喜欢说起话来滔滔不绝，其实，这样做很危险。在你口若悬河的表达之中，很容易出现一些错误。当然，也许放在现在这个社会，失言并不见得是一件多么可怕的事情，可是，放在古代那种环境之下，很可能因为失言而步入亡国丢命的地步。因而，对于古人来讲，要做到谨慎言行，能少说就少说，才是避免"祸从口出"的唯一途径。不信的话，一起来看看历史的惨痛教训吧！

贺若敦是南北朝时北周的军司马，因其领兵有方，在很多战役中都取得了胜利。他有些自满起来，转眼望去，与自己同时参军的人都当上大将军了，可是他却依然处在军司马一职，不觉内心不服，他认为自己带兵打仗的能力不亚于任何人，因此憋了一肚子气。

在与陈朝军队交战的湘州之役中，贺若敦拼尽全力，全军而返。原本以为，他一定会因为没有人员伤亡而受赏，然而他却被上头责以“失地无功”，将他除名为民。听到使者传来的口谕，他内心自然愤愤难平，于是便忍不住发起满腹牢骚，结果可想而知，因惹怒了上级，最后被逼自杀。临死前，为能警示儿子，只得用锥子刺舌出血而死。

然而，很可惜，他的儿子并没有吸取父亲的教训，尽管贺若弼也曾立下了汗马功劳。可是，他对于自己没能受到重用而心生抱怨，最后也为自己带来牢狱之灾。

在这个历史事件中，贺若敦父子两人，面对自己的不公待遇，都是满腹牢骚之言。最终，一个被逼自杀，一个虽没有因牢狱之灾而死，然而，却终生未再受用，一切皆是因为他们说话不谨慎，不懂得说话的技巧所致。由此可见，谨慎言行，对于大家来讲，是很重要的事情。面对生活中的不公或某些事情，要做到能少说，则少说，方能为自己化解灾祸。

2. 说话确保真实，但也要讲究艺术

《弟子规》中对人说话还提出：“惟其是，勿佞巧。”就是要求大家说话时，要讲究实事求是的态度，不能借用一些花言巧语来骗取对方的信任。季羡林老先生曾说过：“假话全不说，真话不说全。”这可谓季老先生一辈子的处事格言。它包括两方面的意思：第一，与人相谈要做到实事求是，不能说假话，方能体现你的诚信原则；第二，在前者的基础上，还要注意哪些真话该

说，哪些真话不该说。生活中，并不是所有的场合都适合实话实说。遇到那些不能直说的实情时，要学会采用一些委婉的表达方式。

3. 培养良好的表达习惯，还要注意克服说话时不文明、不礼貌的行为

《弟子规》中，不仅提出如何才能会说话，更对一个人该怎么说话提出要求。在古人看来，一个人想培养良好的说话习惯，还要注意去掉那些不文明的表达行为。《弟子规》提出："奸巧语，秽污词，市井气，切戒之。"它的意思是说，那些用心不正的花言巧语、肮脏下流的语言，充满市井味的庸俗话，都是需要大家戒除的。要知道，一个人想要拥有优雅的谈吐，不仅要注意说话的形式，更要注重你所使用的词语是否得当，语气是否妥帖。

良好的语言技巧，需要从以上几个方面努力，才能培养成。因而，如果你也想成为能说会道的人，想要通过语言来感化对方的话，不妨按照《弟子规》的这几个要求来做，相信你一定会大有收获。

3 谣言止于智者，不要被谣言所利用

现代社会，人与人之间的联系越来越密切，互联网的盛行，也为人们之间加强沟通提供了有利条件。很多时候，一件小事情往网上一放，你传我，我传你，很快便人尽皆知。当然，这种方式的确为人们之间的信息共享提供了方便之处，然而，也为某些人的生活带来烦恼。对于那些道听途说的东西，我们应该如何发表自己的意见，哪些事情是不能随便乱说的？关于这一点，《弟子规》中也为我们提出了具体的要求。

《弟子规》讲："见未真，勿轻言；知未的，勿轻传。"它的意思是说，没有看到真实的情况，不要轻易发表自己的看法。同样，即使看到实情，不知道确切的经过，也不能轻易向外传播出来。当代社会，各种各样的信息传递更快、更迅速。面对那些五花八门的小道消息，保持正确的判断力尤为重要，这样才能避免自己成为是非的中心，被谣言所利用。看看下面这则故事，相信你会深明其中的道理。

大宋时期，有一户姓丁的人家，因为自己的院中没有井，所以只能外出打水以供全家人使用。为了能够保证水量足够，经常得有一个人到外面去挑水回来。后来，丁家人就在自己家的院子里打了一口井，这下方便多了，再不用派人去外面打水了。于是，丁家人见到外人后说道："我家现如今也打了一口井，如得到一个人一般。"

当然，邻居听到此话，没有细加分析便传播开来：丁家人打井，从井内挖出一个人来。这下还了得，这不就是人命官司吗！没过多久，消息便传到朝廷内部。有大臣便把听到的这个消息告诉了国君，情急之下，国君便忙派人前往丁家查看实情，经盘问得知，这件事完全是人们瞎编出来的。关键时刻，丁家人才说自己的意思是：打井之后，方便了许多，就好像多出来一个劳力。弄清真相后，向皇帝报信的大臣自是难免受到处罚。

在这个典故中，丁家人最初因常派一个人在外面挑水回来。于是，打完井后，他们对外称现在方便多了，好像多出来一个劳力。可是，却被一些人会错意，以为是他们家在打井时挖出一个人来。事情最终惊动了朝廷，经过证实，方才得知其实都是误传。由此可见，人际交往中，面对那些无影无踪的事情，最好别轻易相信，当然，更不能大肆宣传，只有亲自求证后，才能发表个人的见解。无论出于何种目的，事情在没有得到证实之前，便大力宣传的话，很可能让自己惹上更多是非。

从古到今，关于"谣言"的话和典故有很多，如"无兄盗嫂"、"三人成虎"等。其实，谣言并没有真假之分，多数情况下，它都是利用各种渠道传播一些公众很感兴趣的事物、事件或对某一问题未经证实便得出的阐述或诠释。生活中，谣言无处不在，面对周围的那些流言飞语，保持正确的态度最重要。那么，当谣言来临时，我们应该以怎样的态度来面对，相信看了《弟子规》，你就会明白该怎么做了。

1. 不知道真实的情况，不要轻易发表自己的看法

在我们的身边，每天都有一些人在讨论着那些十足八卦的信息。也有些人自以为是地在私底下议论领导或同事的事情，其实，这些都是不可取的行为。对于这些，我们根本无从得知其真实情况到底如何时，正如《弟子规》

所要求的“见未真,勿轻言”,才是明智之举。因而,无论他人发表什么高见,我们都应该保持嘴巴紧闭,还要学会“隐藏”自己,不能对一些未知的事情高谈阔论。否则的话,等到真相水落石出的那天,定是你最难堪的时刻。

2. 对于那些不太确定的事情同样不能对外宣传

《弟子规》后一句提出:“知未的,勿轻传。”正所谓“人言可畏,众口铄金,积毁销骨”,很多时候,在真相还没有出现之前,大家你一言我一语的传播,只会给他人带来诸多的不便。最终,只能使那些别有用心之人的计谋得逞,而那些真正的好人不得不蒙受冤屈,这样做与那些害人者又有何异?因而,面对谣言,保持正确的态度,对于没有彻底弄清的事情,还是不要再向外传播,才是最明智的做法。

生活中,那些谣言的发布者,多少都会存在着一定的目的。面对谣言,我们要明白保持正确的态度是消除谣言的最好办法。从此刻起,学会善待谣言,让你也成为谣言的终结者。

4 遇事三思，勿轻易承诺

俗话说："一言既出，驷马难追。"这句话出自《论语·颜渊》，它的意思是说，一个人把话说出口，就再也不能收回去，一定要算数。也就是说，作为一个人在面对他人的请求时，要学会三思，一旦答应了就要信守承诺。然而，身处当今社会，我们每天都可能会遭遇到许多人的请求，是不是都必须一一答应呢？其实，《弟子规》中关于此点也提出了要求。

《弟子规》讲："事非宜，勿轻诺；苟轻诺，进退错。"意思是说，与人交往时，不适宜的事情不能轻易许诺别人。一旦不假思索地答应对方的要求，很可能会让自己陷入进退两难的境地。然而，现实生活中，能够做到"勿轻诺"的人却不多。很多时候，当别人提出要求时，有些人总喜欢把事情揽下来。可是，到最后自己却又无法做到，真是耽误了别人，也损害了自己的名声。历史上，也曾有过轻诺害人害己的例子。相信看了这个故事，你也就明白了为什么不能轻易许诺别人了。

三国时期，群雄争霸，互不相让。在诸葛亮的帮助下，蜀国于建兴六年发动了一场北伐曹魏的战争。当然，为了能够顺利赢得这场战事。诸葛亮也做了充足的安排和周密的部署，并任命参军马谡为前锋，主要负责镇守要地街亭。为能确保万无一失，临行前，诸葛亮曾再三叮嘱马谡要发挥作用，确保街亭要地，不至于流落敌人之手。同时，诸葛亮还具体指示马谡行军步兵时要靠山近水安营扎寨，万事小心谨慎，不得有误。

对于诸葛亮的要求，马谡不假思索便答应了。虽然，表面上他向诸葛亮承诺会依照指示行事，然而，到达街亭后，他却自作主张将兵力部署在远离水源的山上。尽管手下人曾多次劝谏他，可是，他都没能将这些听进去，而是固执己见。

当敌人看到这个情景时，不由得心中大喜，立即挥兵切断水源，从而断了蜀军的粮草，当然，马谡的部队只能被围困在山上，后来，又遭受敌人的火攻，自然没有任何战斗力。最后，使得蜀军大败，街亭失守。

在这个故事中，马谡对于诸葛亮的再三要求，不假思索就承诺下来。然而，事实上，他却并没有按照计划行事。由于马谡的失信，最终使得街亭失陷，蜀军的战局发生了很大的变化，诸葛亮不得不退回汉中。当然，后来马谡也为此受到军法处置，可是对于蜀国的损失来讲，他的死并不能弥补任何过失。由此可见，遇事三思，不轻易承诺于人，一旦许诺就应信守诺言，才是最明智的做法。

从古到今，信守承诺，都是为人处世的基本要求。然而，如何给予别人承诺，也是有讲究的，这些在《弟子规》中也有具体要求。老话常讲，轻诺必寡信，多易必多难。如果一个人一味地做老好人，事必答应的话，最后只会让自己身心受累，反倒落个不好的名声。那么，当别人有求于你时，《弟子规》中是如何指导大家处理这类难题的呢？

1.“事非宜，勿轻诺”告诫我们，与人相处时，不要轻易许诺

日常生活中，难免会遇到有人相求的时候，面对他人所求之事，有些确实可以轻松办到，你自然可以许诺对方。然而，有些事情要办起来，并非易事。如果这个时候，你非要大包大揽地将这些事情都推给自己的话，到头

来,很可能会因为个人的能力有限,而无法办成此事。中国自古就有“量体裁衣”、“量力而行”的告诫,当然,答应别人之前,先估计自己的能力是否真能完成此事。只有先把这些都考虑清楚了,再许诺也不迟。

2.“苟轻诺,进退错”一旦做出承诺,就要严格要求自己执行

很多时候,如果答应别人的事情无法办到的话,最终只会失信于人。当然,对于做一个诚信的人,是万万不可的。因而,《弟子规》要求我们在回答对方时,要三思才能做决定。然而,如果你已经轻易答应对方的要求,可是又发现事情办起来很棘手时,也不能因此而后退,因为这样做只会让你失信于人。因此,如果答应了别人的话,就要坚持下去,排除万难,把答应别人的事情变成现实,才是唯一的途径。

随着社会的发展,人与人之间的交往也越来越多,自然求人办事的也在增多。轻诺,其实是一种不负责任的表现。面对对方的请求,要学会三思,只有不轻诺,才能确保人际交往的顺利进行。如果你想要成为诚实守信的人,从此刻起学会慎重思考问题,不轻诺才行。

5 不要介入他人的是非纷争中

一个人想要拥有诚信的品格，单单依靠说话是不行的，更需要从为人处世中去体现。《弟子规》中讲："彼说长，此说短；不关己，莫闲管。"它的意思是说：周围的人，有说长的，也有说短的，只要事情跟自己没有关系，就不要去管这些事情。这就要求我们要专心读书工作，才能避免介入是非之地。

在古人看来，一心只读圣贤书，两耳不闻窗外事，才是明智之举。然而，放在当前社会环境中，也许有人会认为这不就是，一心只为自己，哪管他人死活的态度吗？尤其在当下，社会大力提倡助人为乐，见义勇为，争做文明人。其实，《弟子规》中的这几句话，应该用辩证的眼光去看待。

在我们的身边，每天都会发生许多事情，大家的出发点不同，看法自然也就不同。自然会有人说长，也会有人说短，对于这些现象，清代的金缨曾以"静坐常思己过，闲谈莫论事非"的名言来告诫自己，要理智地对待别人的是与非。如果看了下面的故事，你就会了解古人这样要求的好处。

一代儒学大师董仲舒，自幼天资聪颖，少年时就酷爱读书，因而，学习起来常常是忘了吃饭睡觉。看到孩子能如此专心，他的父亲董太公，自然心里十分欢喜。然而，时间一长难免有些担心。于是，董太公便决定在屋后修建

一个大花园，好让孩子有机会到花园散散心、歇歇脑子。

说干就干，董太公立即派人去南方参观学习花园的建造经验。不久后，花园便开始动工建造。第一年，小花园内刚刚建起了一座假山，邻居、亲戚家的孩子们都到他家来玩，好不热闹。看着明媚的阳光，碧绿的草地，鲜艳的花朵，姐姐极力邀请他到园中休息，可他却依然手持竹简，背着先生布置的任务。后来，董太公又在自家的花园里建起了一座假山，同样引起不小的轰动，一些邻居和亲戚家的孩子都到假山上活动。大伙叫他一起玩，可是，他却像是没听到一样，只顾低头写自己的诗文。

第三年，花园终于建成了，很多人都来参观，看到如此美景，大伙都夸董家的花园精致。然而，董仲舒依然埋头在屋内读书，根本无暇顾及这些。直到中秋夜晚，全家人坐于花园中赏月时，他还是没有忘记自己的作业，找先生研究诗文去了。正是由于每天专心学习，他才能饱读诗书，最终成为令人敬仰的儒学大师。

这就是有名的“三年不窥园”的故事，董仲舒之所以能成大器，主要与他的专心学习，不为杂事所累是密不可分的。面对周围每天发生的事情，东家说长，西家说短，如果时时都要参与进来，那么，势必会影响他的学业，同时，还有可能会让自己卷入是非当中。因而，从这个意义上来讲，每个人踏入社会都有自己的事情要去处理，想要做出一番成就来，就要学会专心致志，远离是非。

当然，古人这样做，并不是要求我们学会冷漠，学会麻木不仁，甚至见死不救，或是遇到一些问题时，只能抱着“事不关己，高高挂起”的态度来处事。要知道，《弟子规》作为启蒙学生的读物，它的主要对象还是青少年。因而，我们应该在此基础上，有更深一层的认识。那就是，正确地面对人生中的是非问题，才能避免被卷入是非之争中。那么，现实生活中，哪些情况下要抱着闲事莫管的态度，哪种情况下又要助人为乐呢？

1. 对于那些生活中议论别人是非的事情，要学会坐视不理

“金无足赤，人无完人”，人际交往中，总有那么一些人喜欢谈论别人的是非曲直，自然也就会有不同的看法。面对这些八卦事情，要做到不去议论别人的是与非，通过反思自己的过失，进而以是克非，才是儒家倡导的修身养性的重要方法。因而，想成为有作为的人，要学会面对议论是非，与自己无关的问题，就不要去管它，把精力集中在学习或事业上。

2. 面对生活中的善恶事，要敢于站出来

生活中，难免会存在一些不公、不良的事情，当然，如果我们都不去反对的话，很可能让黑暗势力更加强大，到头来会危害到更多人。因而，一个有作为的人，更应该学会关心别人，助人为乐，在他人需要帮助之时，伸出你的援助之手，方能共建一个美好的家园。因而，做一个诚信的人要学会敢于惩恶扬善，面对恶势力要学会反抗。

有人的地方，自然就离不开是非，然而，如何面对这些是非问题，却是可以由个人来决定的。《弟子规》要求我们正确面对外界的是非问题，想要成为有作为的人，从现在起用智慧判断，用正确的态度去处理是非吧！

6 见贤思齐,择其善者而从之

在古代的儒家文化中,不仅对学生提出严格要求,而且还着重强调了榜样的力量。在古人看来,只要有好榜样的带领,那么,自然就会有实现梦想的那一天。《弟子规》中:"见人善,即思齐;纵去远,以渐跻。"讲的就是关于这点。这句话的意思是:看到别人好的品质,马上要向他看齐,哪怕两者相差很远,只要能够坚持下去,慢慢总会赶上去的。由此可见,榜样对于一个人成才的重要性。想成为有作为的人,就要见贤思齐,选择别人好的方面学习。

其实,不仅在古代,就是现如今社会,榜样对一个人的作用也是不可低估的。列宁曾说过:"榜样的力量是无穷的。"诚然,在我们的身边,那些榜样人物像擎天柱一样,为人们展现出深厚的内在品质和孜孜不倦的奋发追求的精神,同样也给了我们拼搏的动力。只要追随着榜样的脚步,就一定能达到人生的目标。下面一起来看看这个故事吧!

郭泰是东汉末年有名的文人,因学问高深,为人又很谦和,所以,有许多人都想要跟随他学习。在这众多人中,有一个人不仅跟随郭泰学习,而且还把自己的行李也一起带了过来,要跟郭泰住在一起。郭泰就感到奇怪,问道:"别人来求学,都是晚上就回家去了,你为什么不回家啊?"魏照答道:"能找到一位传授知识的老师很容易,可是,想要找到一位教做人的老师就很难。我知道你不仅学问深，而且品德更好。所以，我要天天和你在一起，学习您的为人处世的方法，这样，我才能成为像您一样的伟人。”

听了他的话，郭泰很感动，从那以后，总是尽心竭力地教他学习与做人。经过自己的努力，魏照终于成为一个知识渊博，志向远大的人。

这就是“魏照求师”的故事，在这个故事中，郭泰学问深，且为人也很好，因而，对于大家来说，可以称得上是榜样人物，所以魏照决定日夜跟随他学习。在魏照的努力下，他成为和郭泰一样的人物。由此可见，对于生活中那些良好的榜样，只要我们能够下定决心向他学习，那么，经过努力一定可以达成最终的目标。

《弟子规》指导我们，想要成为有作为的人，必须要学习周围的模范人物。那么，现实生活中，通过学习《弟子规》，我们可以受到什么启示呢？

1. 见贤：想要成为有作为的人，必须选择正确的榜样激励你前进

生活中，榜样可以为人指引前行的路，当然，想要成功，这条路必须要选择正确。如果方向不对的话，你越是努力，离目标就会越远。因而，选择正确的榜样人物，是一个人成功的前提。当然，同样是榜样，层次不同，所带来的结果也是不同的。对于每一个人来讲，应根据自己的个人喜好与能力，选择适合自己的榜样人物。如果要求过低，可能很容易达成目标，然而，个人的能力却并没有多大长进。相反，目标过于远大，很可能会因为受阻而打击信心。因而，选择适当高度的目标来要求自己，是成功的重要因素。

2. 思齐：《弟子规》告诉我们，拥有榜样，还要学会给自己定下目标

一个人一旦找到自己的榜样，也就是为自己找到一个前进的目标。当然，想要成功，仅仅为自己定下目标还是远远不够的，还要时刻想着与他看齐，最终达到或超过他的高度，这样才能给自己增添动力。榜样犹如一盏

灯，虽然，能帮助我们照亮前行的路，然而，倘若一个人不想走到路的尽头去，那么，即使灯光再亮也是枉然。所以说，只要内心想要与榜样看齐，才能推动着人不断前进，从而达到最终的目的，因而，“思齐”是获得成功的内在动力。

3. 渐跻：选择他们值得学习的地方，通过努力，慢慢赶上目标

要知道，作为普通人，我们与榜样之间肯定会存在很大的差距。如果你的目标更远大的话，可能这个差距会更大。因而，在学习他们优点的时候，暂时受阻也是难免的。只要肯努力，只要能够坚持下去，慢慢地，这个差距自然会越来越小，直至赶上或超过榜样。因而，努力奋斗与坚持不懈是取得成功的关键因素。

一个人想要成功，就要懂得用高标准去要求自己，朝着心中的目标一步步前进。如果你也想要成功，从现在起，学会见贤思齐，选择他们的优点学习，只要努力了，就一定能实现理想。

7 见不贤而自省，择其不善者而改之

在我们的周围，有许多好的榜样，帮助我们更快走向成功。然而，“人非圣贤，孰能无过?”一个人有他的优点，自然也会有缺点。诚然，别人身上的优点，值得大家去学习，那么，是不是别人身上的缺点对我们就毫无用处可言呢。当然不是，针对这点，《弟子规》中也做了如下说明：“见人恶，即内省；有则改，无加警。”

这句话的意思是：看到别人做得不好的地方，要马上进行自我反省，看自己有没有？如果有的话，马上改掉，没有的话，要更加警惕，以防自己犯同样的错误。由此可见，那些有缺点的人，对我们来说也是大有用处的。孔子曾说过：“见贤思齐焉，见不贤而内自省也。”因而，一个有作为的人，不仅懂得学习别人的优点，更懂得寻找别人的缺点，从而避免犯同样的错误。唐太宗就是这样的一个人，也正因为如此，他才能带领唐朝走入繁荣时期。

历史上，隋炀帝的荒淫无度是出了名的，他在位时，不仅好美色，更加注重玩乐。为了自己的享乐，他驱迫二百万名壮丁，在洛阳建筑宫室。同时还从全国各地搜罗珍奇异石、花草树木、飞禽走兽等，统统放进他所修建的宫室里，仅供个人赏玩。

他还曾经带上几千名美貌的嫔妃宫女，骑马在园林中游玩唱歌。时间长了，新鲜感过去了，他便想再次改建自己的宫室。在侍臣的推荐下，一位

设计师又给他提供了新的方案。在他的命令下,几万名精壮男人,费时一年多才完成这座建筑。为了建成它,一度使国库都亏空了。当然,据史书记载,这座新的建筑,除了华丽以外,更加十分精巧,是自古以来,前所未有的,这座建筑也就命名为"迷楼"。

当然,迷楼建好以后,隋炀帝的生活变得更加荒淫,让人不忍卒睹。他所做的荒唐事情,并不止这件。为了能够做一件新的大氅,通令全国各地纷纷进贡白鹤的羽毛,因而,全国上下发起捕鹤取毛的运动。正是由于他的荒淫无度,加速了隋朝的灭亡。

尽管这座迷楼,让多少人都梦寐以求,可是,唐太宗起义攻入京城时,看着这座迷楼说:"这是用千万老百姓的血汗脂膏建筑起来的啊!"于是,派人放火烧了它,也是烧了好几个月才彻底烧光。唐太宗正是看到隋炀帝的缺点,以此警示自己不要重蹈覆辙。

隋炀帝一生荒淫无度,榨取民脂民膏来建造"迷楼",注重享乐等一系列的缺点,让他所执政的政权最终走向灭亡。对于他的这些缺点,唐太宗都能认识到,为了提醒自己不要步隋炀帝的后尘,因而,刚攻入城内,他就火烧迷楼,以此来警示自己。当然,正是由于唐太宗善于汲取隋炀帝失败的教训,最终才能使唐朝呈现出"贞观之治"的繁荣景象。

现实生活中,我们身边的人都有这样或那样的缺点,可能多数人都会因此而厌恶某人,更别说去总结分析。其实,这种做法并不见得有多明智。真正聪明的人,不仅懂得学习别人成功的经验,更善于汲取别人失败的教训。《弟子规》教导我们,能看到别人的缺点固然是好事,更要学会进行自我反省,这样才能提高自己的能力与水平。如果一个人只忙着去嫌弃或讨厌别人,自己也可能会成为有许多缺点的人。那么,通过对《弟子规》的学习,给我们的启示如下：

1. 想要进步，要学会反省自己

纵观历史，不难发现，无论任何人都难免会出现错误，自然，前人出错也是在所难免。如果我们看到他人的错误却不懂得反省自己的话，只会重蹈覆辙。一个人想要进步，就要学会以他人为镜子，通过与他人对比，在不断的反省中才能找到自己的优点与不足，只有如此，才可能会成功。

2. 学会总结他人的失败，从中汲取教训

他人的失败，只是表明他人所走的道路不正确。只要我们能够从中找到失败的原因，以此为鉴，就可以降低失败的概率吗。正如杜牧所说："后人哀之而不鉴之，亦使后人而复哀后人也。"因而，只有学会总结，学会借鉴，才能确保找到一条正确的道路。

每个人都会有缺点，如果我们能够按照《弟子规》中要求的那样，先自省，对于别人不好的地方，及时给予改正，那么，我们身上的缺点自然会越来越少，离成功也更近一步。如果你也想成功，从此刻起，学会汲取失败的教训吧！

8 追求德艺双馨，不攀比衣食

《弟子规》中提倡我们要向身边的榜样学习，唯有如此，才能不断得到提升，获得进步。当然，针对此点，《论语》中也早已提出：子曰："三人行必有我师焉，择其善者而从之，其不善者而改之。"它的意思是说，大家在一起，其中必定有能当我老师的人，选择他好的方面向他学习，看到他不好的方面对照自己，改正这些缺点。要知道，生活中每个人都有优点与缺点，通过与他人比较，可以发现自己的不足之处，只要虚心好学就可以使自己得到完善。那么，生活中，我们应该学习别人哪些方面的优点呢？又应该改正他人身上哪些方面的缺点呢？

关于这一点，《弟子规》中也早已提出自己的看法，具体要求如下："惟德学，惟才艺，不如人，当自砺；若衣服，若饮食，不如人，勿生戚。"它的意思是说：做人最重要的是道德、学问、才干及本领，这些方面如果不如别人的话，应当自我勉励，赶上才行。如果是吃的、穿的，不如他人的话，不要因此而悲伤生气。由此可见，《弟子规》教导我们在精神生活中要高标准要求自己，物质生活上要学会低要求。对于这一点，古人给我们做出了很好的榜样！

孔子，字仲尼，是我国古代伟大的思想家和教育家，更是儒家学派的创始人。他自幼极为聪明好学，二十岁的时候，学识就已非常渊博，被当时人称赞为“博学好礼”。

孔子周游列国，四处讲学，宣扬儒家思想。一天，他正在坐车赶路，发现有三个小孩正在玩，其中一个小孩用沙土堆成了一座城。这个小孩就是项橐。车被城挡住了，无法前行。可是这个小孩仍然在玩着，兴致勃勃，像没有看见一样。孔子下车，微笑着说：“你怎么不知道车来了要让路呢？”项橐这才抬起头来用大人的口气说：“从古至今，只听说车要绕城而过，哪有城要避开车的道理？”孔子听了非常诧异，小孩如此能言善辩，而且像成年人一样镇定自若。孔子对这个孩子产生了兴趣，决定要考考他，就问道：“你知道什么山上没有石头？什么水中没有鱼？什么门关不上？什么牛没法生牛犊？什么马不能生马驹？什么刀上没有环？什么火没有烟？什么样的男人没有妻子？什么样的女人没有丈夫？什么时候白天短？什么时候白天长？什么树不长杈？什么样的城没有使者？什么人没有孩子？……”孔子一口气提了四十多个问题。项橐认真听完，不慌不忙地回答：“土山、井水、空门、泥牛、木马、砍刀、萤火、仙人、仙女、冬天、夏天、枯树、空城、小孩……”这些问题涉及天文地理、自然现象、家庭伦理道德等各个方面，内容广泛，项橐都能对答如流，滴水不漏。孔子佩服，连说六个“善哉”！

项橐并不知道自己面对的是人们所尊敬的孔子，就反问了几个问题，结果孔子一个也答不上来。连叹道：“后生可畏也。”孔子又说：“我车中有棋，咱们赌一盘吧。”谁知项橐一本正经地拒绝。振振有词地说：“我不赌博，天子好赌，天下就不能太平，天公也不作美，诸侯好赌，就无心思治理国家；官吏好赌，就会耽误处理文案；农民好赌，就会错过耕种庄稼的好时机，做学问的好赌，就会忘了诗书礼仪，小孩子好赌博，该挨揍。赌博原来是无聊、无用的事，学它做什么？”孔子听了这些话，由赞赏变成了敬佩，他拜项橐为师。

七岁的孩子从此名声远扬，而孔子以圣人之身，不耻以孩童为师，其举动也为天下人称赞。

在这个故事中，作为一代伟人，孔子虽然学识渊博，悉通礼仪。然而，却在路上被一个小孩子的回答给难倒了。孔子便向他虚心学习。一代思想家孔子都能虚心向一位小孩学习，那么，我们又有什么不应该的呢？

然而，现实生活中，许多人把金钱、地位、名誉当成是成功的标志，自认为有了名车豪宅就认为自己已经很有成就了。于是，那些没钱，没房，没车的人便整天活在一种自卑当中，觉得自己与别人相比，什么都不如别人好。也有些年轻人不惜辍学去外地打工，学别人如何挣钱，一些人索性拿命去换钱，专门经营一些违法的勾当，到头来可能会得到一时的富有，然而最终却丧失了自由，更有甚者还会失去生命。尽管他们也努力拼搏了，却走得更远。其实，归根究底在于他们的目标错误，没有选择正确的人生目标。那么，通过对《弟子规》的学习，我们可以受到哪些启示呢？

1. 人生要懂得虚心进取，只有这样才能不断进步

一个人如果自我满足在自己的世界中，永远也不可能会发现自己的不足之处，当然，也就不可能会取得进步。因而，与人相处时，我们要学会与他人比较，只有这样才能从比较中找到不足的地方。面对不足，我们还要学会虚心向他人求教，才可能会获得进步，最终走向成功。

2. 选对正确的目标，是取得成功的一半

一个人能够发现自己的不足，并有改变的毅力与勇气，就有可能会成功。然而，想要实现这一切，就要学会选择正确的目标，即要知道向别人学习什么，是学习如何挣大钱，还是学习他人的学识、才艺等。当然，《弟子规》中也早已给出正确的答案，对于一个人来讲，知识、道德、才艺、本领才是一

个成功最重要的因素。相反,如果一个人把金钱、名利、地位当成是人生奋斗的目标,很可能失去自我,最终沦为阶下囚。

3. 拥有良好的心态,正确看待眼前的处境,学会勉励自己

当前社会,越来越多的人都在追求着成功,却忽略了自身的修养与能力的提高。在我们的周围,越来越多的人都在抱怨人生,可能目前我们的生活的确不太令人满意。然而,要知道富贵不是一个人的资本,贫穷更不是一个人的耻辱,自然我们也就没必要因此而悲伤叹气。只要能够虚心学习别人的品德与学识,不断提高你的能力,自然就会有成功的那一天。

通过学习《弟子规》,我们应该学会选择正确的人生目标。同时,还要注重个人能力与修养,才能从根本提升自己的能力,获得事业的成功。如果你也想要成功的话,从今天起,按照《弟子规》中的这些标准来要求自己吧!

9 喜听赞扬而不闻过错的人，容易结交损友

古语说："人非圣贤，孰能无过"。作为普通人，又怎能没有过错。一个人有他的优点和缺点，很多时候，自己看不出来，需要别人给予提醒。对于优点，我们会得到别人的表扬，对于缺点，自然也免不了受到批评。然而，生活中，更多的人只喜欢听到表扬，拒绝接受批评。这种观点就真的正确吗？生活中，我们又应该如何去面对来自外界的批评与表扬呢？

关于这一问题，《弟子规》中也早就给出了明确的答案："闻过怒，闻誉乐，损友来，益友却；闻誉恐，闻过欣，直谅士，渐相亲。"它的意思是说，听到别人说你的缺点就生气，别人说你的优点就高兴的话，坏朋友就会接近你，好朋友便会离你远去。听到别人说你的缺点高兴，别人说你的优点就生气的话，那些正直、诚信的朋友便会越来越亲近你。纵观历史，那些开明的君主正是因为善于听过，才能创造出繁荣昌盛的社会，相反，那些只喜欢听奉承话的皇帝，却早早丢了政权。

公元前207年，刘邦率领大军攻进咸阳城，便进入秦宫察看。只见宫室华丽，到处都存放着许多宝物，根本是他从来都没有见到过的。不仅如此，刘邦等人所到之处，皆有一些形象华美的宫人向他跪拜行礼，当然，这些也是他从前没有享受过的。越看越感兴趣，于是，他打算住进宫内好好享受一番。

此时，他的部下樊哙看懂了他的心思，便问道："沛公是打算拥有天下呢，还是只想当一个小小的富翁？"刘邦回道："当然是天下啦。"于是，攀哙真诚地说道："秦宫里虽然有着数不尽的奇珍异宝，还有数以千计的美人相伴，然而，正是因为他们的存在才导致秦朝的灭亡。还是请沛公速回霸上，早些远离这是非之地。"听了这番话，他虽然没有生气，然而，住在宫内的想法却没有改变。谋士张良又劝道："秦王无道，百姓才会造反，您为天下除掉害人的暴君，则就理应克勤克俭。如果你也在此享乐，又与秦王有何区别呢？"听了张良的话，刘邦终于醒悟过来，对两人的提醒心存感谢。于是，他下令封销府库，关掉宫门，带领军队再次返回霸上。

在这个故事中，刘邦历经千辛万苦，才打败秦军，占领了秦宫。对于一个普通人来讲，见到秦宫内华美的景象，以及所能享受的礼遇，自然都会被吸引，刘邦便打算住进宫中好好享受一下帝王的待遇。而樊哙与张良却成功地劝他舍弃了眼前的浮华，返回霸上。试想，如果刘邦是一个听不进别人劝的人，自然也就不会有这样的忠良人士相辅佐，更不可能会打败秦军，取得那些辉煌的成就。由此可见，一个人想要有所作为，就要懂得虚心接受别人的意见，听取别人的批评之声，才能获得更多的益友。

每个人都喜欢听表扬的话，对于批评的话语听了自然面子上过不去。一个人拥有这样的想法很正常，然而，如果因此而拒绝接受别人的批评，一味地结交一些专门称赞你的人的话，时间一长，周围会聚积一些专门溜须拍马的人，益友肯定会越来越少，失败也是注定的事情。因而，拥有正确的心态来面对表扬与批评很重要。那么，通过学习《弟子规》，我们能受到如下启示：

1. 正确面对来自外界的表扬与批评，树立正确的观念

当然，别人表扬你，是出于对你的一种肯定，要知道，再大的成就只代表过去，未来的路还很长，如何能够继续保持这种状态，才是你最应该做的。人的一生，难免会有一些缺点，当别人向你提出来时，我们要知道，这一切正是出于对你的关心与爱护，希望你能认识到错误，避免带来更大的损失。因而，聪明的人时刻都会明白其中的真理，方能树立起正确的观念。当你真正意识到这些的时候，就可能理智地看待他人的批评与表扬了。

2. 无论是批评还是表扬都只是一种形式，实际行动才是重要的

无论任何人都无法避免表扬与批评的声音，只有拥有了正确的观念，才能理智地面对你所处的困境。因而，当别人批评你时，要学会意识到自己的错误，更要意识到真正批评你的人才是最关心你的人，更应该与这种人交朋友。当然，如果受到表扬，也要记得感谢对方对你的肯定，你需要做的就是继续努力，来报答别人的对你的认可，这样才能赢得更多的肯定。

一个人只有拥有了优点与缺点，才是完整的人，当然，也就会面临着外界的表扬与批评。真正的君子懂得，多听别人的批评比表扬更能获得进步。因而，如果你也想成为有作为的人，从现在起，学会与批评你的人做朋友吧，这样才能带给你更大的进步!

10 明知故犯是罪恶，知错就改是勇者

生活中，每个人都会犯错，都会有过失。问题是有了错误之后，你会采取什么样的行动，才是最重要的。即使同样的错误和过失也会有轻重之分的，那么，用来区分它的标准是什么？我们如何来判定一个人的过失呢？别着急，《弟子规》中，也早已对此做了详尽的说明。

《弟子规》讲："无心非，名为错；有心非，名为恶。"它的意思是说，一个人不经意间做了不好的事情，就叫犯错；如果一个人存心或故意去做坏事，那就叫恶。这就是《弟子规》中对于错与恶的区分。当然，这个区分的标准，就是看他做事时的动因。下面一起来看看这个故事吧！

《三国演义》第十七回讲：建安三年夏四月，曹操统领大军向前进发。行军途中，看到麦子已经成熟了，然而，因为害怕士兵，有许多老百姓都吓得逃避到外边保命去了。为了能够安抚百姓，树立起良好的形象。曹操下令昭告百姓说："事奉天子明诏，出兵讨逆，与民除害。方今麦子成熟之时，然不得已而起兵，所有人马经过麦田时，凡有践踏者，皆斩首。军法甚严，大家不用怀疑。"

于是，所有的士兵经过麦田时，都必须下马以手扶麦，不敢践踏。当地百姓看了，自然很高兴。一日，曹操骑马行军途中，忽然从田中飞出一只受惊的斑鸠，这下把坐骑也吓得不轻，因而受惊蹿入麦田中，踏坏了一大片麦

子。看到自己的过失，曹操立刻派人找来行军主簿，要求对自己军法处置，主簿也十分为难。曹操说道："我自己下达的禁令，现在违反了，如果不处罚的话，又怎能服众呢？"说着，他当即抽出身上的剑自杀。最后，还是在谋士的劝说下，他才打消此念头，然而，为了表明自己的态度，曹操最后还是削发代首来表达自己的悔悟之心。

在这个故事中，曹操为了树立良好的形象，让百姓对他的部队放心，下达命令士兵带马均不得践踏自己的麦田，否则以军法处置。然而，他自己却在无意之间骑马践踏了一大片麦子。为此，他要求对自己军法处置以弥补自己的过错。大家都知道，他这属于无心之错，自然也就原谅了他，最后得以用割头发的方式诚心悔过。试想，如果他这次是存心要破坏百姓的麦子的话，士兵们肯定会对他的行为不满，结果恐怕就会是另一番样子。由此可见，一个人的无心之过，都会在情理上得到大家的原谅。相反，即使存心犯下一个小错误，也足可以表现你的用心险恶，自然很难得到他人的谅解。

尽管，现如今社会，无论你是有心还是无心，只要所犯错误触犯法律都会受到处罚。然而，在接受处罚的时候，也会根据是否有心而做出合适的裁决。实践证明，无心之过，所受的处罚往往比存心伤害要轻得多。通过学习《弟子规》，我们对于生活中的过失，也有所了解。那么，《弟子规》带给我们哪些启示呢？

1. 保持纯洁的心灵，心存善念，才能为自己赢得良好的人际关系

生活中，每个人都无可避免地会犯错。因而，作为普通的人，你没有必要严格要求自己不能犯错，更没有必要整天为此而提心吊胆。当然，你所能做的，就是心存善念地去对待每一个人，对待每一个物，以及自然界的一切。

只有如此，你才能从心灵上远离犯错。相反，如果整天对他人横挑鼻子竖挑眼的，迟早会犯下大错。

2. 无心与有心，只在一念之间，把握好度才是关键

生活中，人有时会犯一些无心之过，然而，面对错误，有些人想逃避、减轻责任，甚至为减少损失，还会做出一些更为过分的举动。那么，所犯错误的性质也就发生了改变，已经由无心变而有意，如果说刚开始还能称为错的话，那么现在你做的就是恶了。因而，面对某些错误时，要学会控制自己的情绪，不要让无心之失，变为有心之恶，也很关键。

3. 犯错并不害怕，勇于改正才能进步

《弟子规》讲："过能改，归于无。"意思是说，有了错误能马上改掉，别人自然就会原谅你，当做没有这回事。人非圣贤，都会犯错，即使你犯了错误也没什么可怕的，只要能够勇于改正，承担起自己应负的责任，那么，人们自然还会像以前那样对待你。所以，如果犯了错误，只有认真改正，才是解决问题的唯一途径。

一个人的一生，犯错在所难免，然而，要看你犯什么样的错，如果明知是错，还故意为之的话，那就只能用恶来形容了。所以我们要做一个有修养的人，要心存善念，面对错误要勇于改正，从而取得进步。

11 掩饰错误，是错上加错

语云："人非圣贤，孰能无过；知错能改，善莫大焉。"一个人不可能不犯错，世界上也绝对没有不犯错的人。一个人犯了错并不可怕，只要勇于认错，及时改正，并不会影响他的形象与能力。然而，现实社会中，一些人犯了错后，还满口狡辩，企图推卸应付，逃避责任，更有人面对错误抵死不认，或是极力掩饰错误。

其实，这样的想法是错误的。《弟子规》教导大家："过能改，归于无；倘掩饰，增一辜。"当然，"过能改，归于无"的意思大家都理解。"倘掩饰，增一辜"的意思是说，不肯承认错误，还要为自己掩饰的话，就等于又多犯了一个错误，后果可能会将更为严重。一个人即使犯了再大的错误，只要能够认识到错误，并及时地改正，依然还会有所作为。相信看了以下的故事，你也会深有感触的！

周处，字子隐，是鄱阳太守周鲂的儿子。尽管，周鲂的功业不小，然而，他的儿子周处却是他多年的一块心病。周处年少时，纵情肆欲，为祸乡里。他的脾气性格也是出了名的，不仅刚暴强悍，而且好争斗，被乡亲们认为是一大祸害。

当时，义兴的河中有一条蛟龙，山上也有白额虎，总会出来危害四方百姓。然而，在百姓的眼中，周处和这两者没有区别，可以并称为三害，且周处位居三害之首。于是,在他人的劝说下,周处打算除去这二害,算是为民除害了。于是,他便开始了除害行动,经过几番较量,山上的白额虎被他射杀掉。后来,他又投入与蛟龙的斗争中,经过几天几夜的追赶,终于完成了这个任务。

周围百姓看周处也没了影踪,以为他也死了,所以互相庆祝,一片热闹非凡。然而,这一切被回到岸上的周处所了解。他才明白自己往日的行为有多不好,顿起悔改之心。于是,他到呈郡去找陆机、陆云二人请教。他告诉陆云自己想要悔改,然而,却担心年事已高,即使改了也不可能再有什么作为了。陆云劝说道:"古人都会珍视道义,即使早晨能明白圣贤之道,晚上便死去也心甘情愿。何况你的前途还有希望,一个人如果能够立下志向改过自新,又何必担心自己不会有好的名声呢?"

在陆云的劝说下,周处终于改过自新,重新要求自己,最终成为一名忠臣。

在这个故事中,周处原来是危害一方的人物,在乡亲们看来,他的行为简直与那些危害人的动物没什么区别,然而,他却并不自知。正是在追杀蛟龙的时候,他意识到自己曾经所犯的过错。面对他做下的恶行,他没有掩饰、辩解,最终下定决心,改过自新,做出巨大成就。由此可见,一个人无论曾经的过失有多严重,只要能够勇于承认,并且及时改正,你的人生也会因此而改变。

《弟子规》告诉我们,想要成为一个诚信的人,就要学会勇于认错,不要寄希望于无理狡辩来维持自己残存的形象。这一点,在当今社会中尤其需要。每个人都讲究面子,很多人担心承认错误后会为自己带来经济、名誉上的损失,因而,在错误面前很多人都拒不认罪。有些人甚至在确凿的证据面

前，态度依然不好。难道，不承认错误就表明你没有犯过错误吗？其实，你的行为除了让人知道你所犯的错误外，同时会让别人知道你的品行不够好，无疑是为自己多争得一个罪名而已。通过学习《弟子规》，我们得到的启示如下：

1. 对于所犯的错误，不要惧怕，勇于承认才是挽回个人形象的最好途径

纵观历史，有许多大人物都会主动承认错误，同样他们的故事并没有受到后人的耻笑，相反，却被传为千古佳话。因而，做一个聪明的人，要懂得对于我们所犯的错误，根本没必要因担心面子等问题，而在那里做无用的狡辩，那样只会更加有损于你的形象。如果能够勇于认错，端正良好的态度，才能最大限度地挽回自己的形象。

2. 想要拥有重新做人的机会，必须从承认错误开始

有些人看到错误后，也知道自己错了，然而，就是没有勇气去当面承认。要知道，无论你在内心忏悔多少遍，都不会得到对方的谅解，自然也就无法重新开始。一个人只有勇于认错，才能获得大家的谅解，获得重新开始的机会。“将相和”的故事相信每一个人都听说过，在错误面前，一个人如果想要改过自新，就必须要勇于表现出来，当然，承认错误就是你改过自新的最基本表现。

认错，也是一门学问，看似很简单的事情，既可以体现出一个人的品行，又可以体现一个人的决心与勇气。《弟子规》教导我们，唯有学会正确认识自己的错误，并勇于承认错误，才是最明智的做法。因而，如果你想在人际交往中树立良好的形象，那么，有了过错，要勇于改正，知错能改，善莫大焉。

泛爱众

1 生活在同一片天空下，大家需互扶互助

随着社会的发展，人与人之间的竞争越来越激烈，为了赢得一席之地，有些人甚至动用一切关系打败对手，求得眼前的胜利。然而，造物主却又偏偏爱捉弄人，尽管你辛苦得来，却被后来者给“先登”了。的确，“物竞天择，适者生存”是一条亘古不变的真理，然而，大自然却并不仅仅只是沿着这一单一的路线在前行，“合则双赢”的现象也不在少数。这不得不引起人类的反思，我们到底应该如何对待自己的同类？

其实，《弟子规》中关于这一点也给出了我们答案，那就是：“凡是人，皆须爱；天同覆，地同载。”它的意思是说，人与人之间，要和睦相处，互相爱护，因为我们大家都生活在同一片蓝天下，同一个地球上。因而，从这个层面上说，大家应该互相关爱，互助合作，才能战胜一切灾难，获得更大的进步。相信看了下面的故事，你也会明白这个道理的！

孙叔敖是春秋时期楚国的政治家，他幼时被算命先生推算过，说他：“寿不过三甲，禄不过一邑。”因此，他的母亲时时积德行善，更教诲孙叔敖要关爱他人，积德行善。当然，他也并没有辜负父母的教诲，读书学剑，一览而精，兼且心慈行善。

一日，他因读书累了，便外出散步，行至一个深山僻静的地方。抬头一看，他竟然有些发愣，自己只是出来散步，为何却走到这么个地方。正欲转

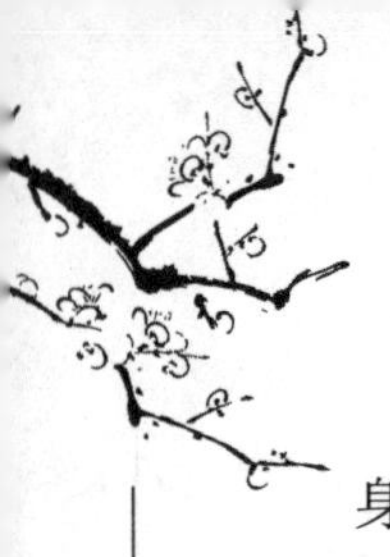

身回去，却听到有婴儿的啼哭声，于是，他便四下里打探，可是眼前并没有什么婴儿的影子。后来，经过仔细分辨，他才知道声音来自于草丛中，他想起老人说过的话，便断定这就是人们常说的两头蛇。

寻声望去，他看到一条火红的两头蛇，正望着他呢。当时，他正值年幼，哪里见到过如此情形，自然有些害怕地往回跑去。没跑出多久，他便哭了起来，原来传闻遇到两头蛇者即死，他为自己父母辛苦将自己养大，而自己今后无法奉养他们而悲伤。想到这里，他打算起身飞奔回家，免得死在道旁，让父母担忧。可是没走几步，他便又停下来，一想不对，如果就让它停留在这里的话，那么，就可能会有更多的人会因它而死。想及此，他也顾不得父母，再次寻原路回去，找到那条蛇，便开始动起手来，经过几个回合的相斗，蛇被打死了。原本，这回他该放心了，可是，他转念一想，这蛇并没有存心害人，只是他本身所带的属性会伤人性命而已，那么，它被杀死也是很可怜的。于是，他索性将蛇的尸体埋于地下，免受风吹日晒之苦，处理完这些，他才难过地回家去了。

母亲看到他难过的样子，便赶忙问他发生了什么事，他才哭着将自己的遭遇说了出来。最后，还再三询问母亲自己是不是真的快要死了。母亲听了他的话，笑道："孩子，你死不了，像你这样在危难时刻还能为别人着想的人是不会轻易死掉的。"后来，孙叔敖不仅没有死，还做出了很大的成就。

在这个故事中，孙叔敖在想到自己会死以后，他并没有为自己而哭，而是先是想到无法再孝敬父母。后来，又为了别人不再受伤害，而动手把蛇打死。看到被自己打死的蛇，他又同情蛇的遭遇，最后动手把蛇深埋了。他这一连串的动作，都是从别人的出发点考虑，足可见他对人及动物的关爱之心。作为现代人，我们应该以此为榜样，以一颗关爱之心，去对待所有的人，让自己拥有良好的人际关系。

在我们周围，有些人因为利益关系喜欢把所有的人都放在对手的位置，一旦有利可图就会马上采取行动置对手于死地，以确保自己的地位。要知道，人无完人，一个人自然会有他的缺点，当然也会有能力不足的时候，想要实现长久的胜利，就要学会把“对手”变成朋友，争取双方合作，才能把事业做大做强。否则，凭一己之力，很难在社会竞争中站稳、站牢。

通过对《弟子规》的学习，我们应该学会关爱别人。即使面对眼前的竞争对手，也要懂得关爱，设身处地地替对方着想，更有利于建立起良好的人际关系，为以后的合作打下基础，这才是化解矛盾，实现双赢的最好办法。

2 好名望是靠出众的德行换来的

《弟子规》中提倡“泛爱”,然而,世界上没有无缘无故的爱。一个人想要看到他人的爱,就要有值得他人爱的地方。那么,想要受到别人的关爱与欣赏,我们应该注意自己的哪些方面呢?到底是内在修养,还是外在相貌,抑或是一个人能否说大话?当然,关于这一点,《弟子规》在接下来,便提出了自己的见解。

《弟子规》讲:“行高者,名自高;人所重,非貌高;才大者,望自大;人所服,非言大。”意思是说,一个品行高尚的人,名声自然就会很高,人们所敬重他的,不是他的相貌如何,主要是看他的品行。一个人的才华出众,自然名望就很大,当然,人们所佩服的还是他的本领,不是他会不会说大话。当然,关于这一点,历史也早已给我们做出了证明,相信看了下面的故事,你会更加确信!

春秋末期,齐国大夫晏子出使楚国,楚人欺晏子个矮,便从大门一侧开了一个小门,让晏子进去。晏子自然不肯屈从,反驳道:“出使狗国的话,自然就要从狗门进去,我今天来到楚国,自然也就不能从这个门进去了。”没办法,楚王只得下令让晏子从大门进入。

楚王借晏子的相貌不好暗指齐国都是些无用之人。然而,晏子先是肯定齐国的人多。对于不同的国君,就派不同人来出使,对于我这种差等人,也只能出使到楚国来。看似自贬,实则是贬低楚国国君不能称得上贤主。

后来,楚王使人巧扮来自齐国的偷盗之人,好侮辱齐国。却被晏子的:“橘生淮南为橘,生于淮北为枳,缘于水土不同”给驳了回去。到最后,楚王不仅没有侮辱到晏子,反倒自取其辱了。

在这个故事中,晏子原本相貌一般,甚至可以说是不好,然而,在与楚王的对诀中,句句直指重点,却又不失礼仪,让楚王根本没有发威的机会,竟然使得楚王都后悔自己的愚蠢行为。当然,人们之所以敬重他,并不是因为他的相貌,只是因为他的品行与能力,甚至还有才华。也正是因为他的才智过人,才能在与楚王的对决中句句直指要害,反驳得楚王没有话说。

当然,也许有人认为他之所以受人敬重,完全在于嘴上功夫,如果一个人能说大话的话,应该也可以广受欢迎。如果你要真这么想的话,那就先看看下面这位吧!

王昭远是五代十一国——后蜀的枢密院事,他能坐在这个位子上,全靠着巴结奉承。对于这些成就,他并没有感到满足。这个人平日里骄傲自大,总以诸葛亮来自比,还向人吹嘘道:“只要我手握铁如意,坐着太平车就可指挥大军,一统天下。”

后来,他成功说服孟昶派使者联络北汉,共同举兵灭宋。当然,使者并没有傻到如此地步,半道上使者就逃到宋朝了,最终事情败露,使得大宋朝廷掀起灭蜀的决心。公元961年,北宋大军压境,后蜀派出自称英勇神武的王昭远率军指挥,最终后蜀失败,他自己也成了宋军的俘虏。当然,他自比诸葛一统天下的话,也成了历史上的笑柄。

在这个故事里,王昭远位居要职,平日里自比诸葛亮,整天吹嘘自己也能一统天下。虽然,气势很大,但是在现实面前,他却抵挡不了宋军,丢盔弃

甲，还被活捉。因而，可以说，一个人想要被别人所敬仰，不是靠说大话就可以实现的，关键还是得有真本事才行。正如《弟子规》中说：“人所重，非言大”。以上两个案例中，揭示出成功者既不是通过相貌，也不可能通过豪言壮语来让人欣赏，唯有品行与才华是令众人信服的根本。那么，通过《弟子规》的学习，我们受到了哪些启示呢？

1. 不因外在条件而自卑，加强德行修养才是关键

生活中，有些人会因为自己的身高、长相、家世等方面的问题，整天活在一种自卑之中。其实，这些外在条件并不能妨碍你成为让人欣赏的人。要知道，正因为我们有这方面的问题，才更要注重自己的品行修养，与人交往时，以良好的礼仪来赢得别人的尊重。

2. 才华更能彰显一个人的魅力，注重能力的培养很重要

一个人即使貌比潘安，如果不懂得虚心进取，过于自大，自然也就学不到任何东西，更别提有什么才华了。这样的人，恐怕一开口就会让人知道，没有什么内涵。自然，也就不可能受到大家的欢迎。做一个有才华的人，要多学知识，在实践中不断地提升自己的能力，才是受人尊重的前提。

《弟子规》告诉我们，君子要注重自己的品行与能力的培养。因而，如果你也想成为受人尊重的人，从此刻开始，请按照《弟子规》的标准来要求自己吧！

3 对强于自己的人,用欣赏代替嫉妒

在我们的周围有许多有才能的人,甚至有些人的才能远远超过了我们。此时,我们应该以什么态度和心态去面对呢？一个人想要得到他人的欣赏,不仅仅要提升自己的能力与修养,更应该学会正确地看待自己和别人的才能。正如《弟子规》前面所讲:“见人贤,思人齐。”当然,想要做到这点,我们就必须先去掉嫉妒之心。《弟子规》要求我们面对那些强于自己的人,要学会用欣赏代替嫉妒。

《弟子规》讲:“己有能,勿自私;人所能,勿轻訾。”意思是说,自己有本领的话,不要自私,要肯拿出来帮助别人;当然,别人要是有本领的话,也不能内心不服,不能轻易诋毁别人。在对待这个问题上,《弟子规》教导我们不因自己有才能而自私,也不能因他人有才华而嫉妒别人。

当然,对于自己有才华又愿意帮助人的人,在现如今还是很容易做到的。可以说,为了体现自己的价值,每一个人都会尽其所能发挥自己的本领,以获得社会的认可。可是,一个人若要做到不嫉妒他人的才能不仅,但是要做到像古时的祁黄羊那样刚正不阿就不容易了。下面一起看看祁黄羊荐人的故事吧!

晋平公做皇帝时,有一个叫南阳的地方缺少一个县令,当时,祁黄羊担任“中军尉”一职。于是,晋平公便问他:“依你之见,谁能够担当这个县令

一职?"祁黄羊不假思索地说道:"解狐这个人能力不错,如果让他来任此职,正合适。"晋平公听到他的话很吃惊,因为他知道祁黄羊与解狐两人之间曾经有矛盾。他便问道:"解狐不是你的仇人吗?你为什么还要推荐他呢?"

面对晋平公的问话,祁黄羊笑着回答道:"您问的是谁能担当这个县令一职,又没有问我的仇人是谁。"听了他的话,晋平公觉得很有道理,遂派解狐做南阳县令。当然,解狐的确没有让人失望,自上任以来,为当地办了不少的好事,受到南阳百姓的普遍好评。后来,祁黄羊又成功地举荐他的儿子祁午为朝廷里的法官。

在这个故事中,祁黄羊在向晋平公推荐人才时,对外不计私人恩怨去嫉妒或排斥他人。对内更不因是自己的亲生儿子,而把他的才能限制在家中。他的这种胸襟和气度,都值得我们好好学习。也正因为他能正确地面对自己儿子与别人的才能,从而发现别人的优点并正确推荐,所以深得百姓好评。由此可见,想要做一个受人欢迎的人,要学会正确地面对自己的才能与他人的才能,不因他人才能高而嫉妒甚至诋毁他人,在这方面,祁黄羊是值得大家广为学习的。

现实生活中,看看我们身边的人,有些人为了扩大自己的势力,积极地使用自己的人马,对于那些有才能的人往往加以陷害或背后用计。其实,无论对于个人还是团体来说,这种嫉妒心理都是要不得的。古人所要求的"见人善,即思齐"并不是我们口头上说得那么简单,也不是专门要求别人这样做的。一个人想要进步,就必须把嫉妒心去掉,才能真正看到别人的优点,自然才能真心向他学习。

纵观历史,因嫉妒心而损人害己的事例有很多,秦国的李斯便是其中一个。虽然，他贵为一国宰相，然而，却终因对师弟韩非子的嫉妒之心，让他也失去了珍贵的东西。相反，历史上，也有一些伟人因为能够去除嫉妒之心，推荐贤德之人，从而使国家变得兴盛，人民的生活水平得以提高，这才是真正的关爱所有的人。古人注重修身养性，提倡关爱众人。这里的众人并不仅仅是指自己的亲人或地位不如自己的人，同样也要关爱比自己能力强的人。

嫉妒之心，可能每个人多少都会有些，只是轻重程度不同罢了。甚至，还有一些人认为适当的嫉妒可以促进一个人的进步。然而，无论嫉妒能带来多大的好处，都不能算是一种美德。要知道，你的嫉妒只会证明你已有的短处，除此之外，并不能真正改变什么，相反，如果怀抱一颗坦诚之心，认真向他人学习的话，能超过他也说不定。一个人要想做到爱人，想要得到进步，就必须去掉嫉妒之心，才能不会为一己之私而做出错误的决定。因而，从这个层面上讲，作为现代人更应该加强个人修养，学会关爱他人。

《弟子规》告诉我们，关爱众人，更要对那些比自己有才能的人怀有关爱之情，用欣赏的眼光去看待他的才能，为自己收获更多的友谊。因而，如果你也拥有爱，从此刻起，多关爱那些比你有才华的人，用一颗包容的心去看待他的成就，相信你会有更多的收益。

4 不要做嫌贫爱富的人

人际交往中，我们会与形形色色的人打交道。在这些人中，有些人身价过亿，也有些人可能生活水平一般。面对这些贫富差距如此之大的人们，我们应该以什么样的态度与心态来面对呢？对于这些，《弟子规》也给出了答案。“勿谄富，勿骄贫”。意思很简单，不要刻意去讨好富人，更不能瞧不起穷人。《弟子规》是古代儿童的启蒙读物，它旨在教育孩子们要从小就树立正确的贫富观念，正确对待周围人的贫富现象。当然，这一点，对于现代年轻人来说，同样是适用的。因而，《弟子规》要求我们待人要一视同仁，嫌贫爱富要不得。看了下面的故事，相信你也会有所感悟。

朱买臣是汉武帝时的会稽人，四十多岁了依然很穷困，平日里他也不爱管理自己的家业。夫妻俩靠卖柴为生，他有个爱好就是读书。所以，只要有空闲的时候，他便拿着书读起来。因而，他最喜欢背着柴在大街上边走边诵读。然而，他的妻子却觉得这样做很丢人。

妻子看他这个样子，也根本不可能会有什么出息，于是，便让他把她休掉。刚开始，朱买臣坚决不同意，劝妻子说：“我五十岁的时候就可以发达，现在我已经四十多了，再等几年吧，到那时我会好好报答你的，让你享尽荣华富贵。”然而，妻子对眼前的日子早已心灰意冷，反讥道：“五十岁？就你，恐怕早就被冻死、饿死，扔到沟里喂狗也说不定呢，还说什么大富大贵？”最后，他见妻子下定决心要走，便答应了她的要求。

这之后，妻子很快嫁了一户好人家，他依然以砍柴为生，清明时，他的前妻陪新夫去墓地祭祖时，两人也曾在墓地见过一面，之后也就再没有联系了。过了几年，他便被一个叫严助的亲贵看上，推荐给汉武帝。几经周折，被封为会稽太守，专管讨伐东越之事。

他上任之时，率领着众多车队前行，惊动全城的百姓都出来列队欢迎。当然，这些人中也有他的前妻与后来的丈夫。前妻见到他如今的风光模样，多少也有些后悔。后来，他也曾把这夫妇二人安置在太守府的后园当中，可是，没过多久，前妻还是因悔恨而自杀身亡了。

在这个故事中，穷苦人朱买臣虽然家庭贫困，然而，却依然不忘读书学习。甚至连砍柴、卖柴的空闲时间，他都会用来诵读。然而，他的妻子却对这个贫困的家庭失望了，便另攀高枝。后来，几经波折，朱买臣却当上了太守，这一变化，是他的妻子万万没有料到的。无论是出于自责，或是后悔，最终她选择了以死来了却这段恩怨。由此可见，人的一生风云变幻，到头来不定会是什么样子。因而，我们对待周围的每一个人都要学会一视同仁，不奉迎有权有势的人，也不嫌弃那些生活贫困的人。

现实生活中，人们的生活水平在不断提高，一部分人便先富了起来，然而，却有更多人却依然处于贫困边缘。这些都是社会发展的必然产物。虽然，我们改变不了这种社会现象，但是我们却可以改变自己的态度。看看我们的周围，每天都有一些势利小人，专门巴结那些有钱有势的人，每逢逢年过节或重大节日，一个个都提着大小包裹献“爱心”去了。

有一句话说得好：“三十年河东，三十年河西”，你怎么就知道这些生活水平一般的人就不会富裕起来呢？人与人之间需要拉近关系，我们不妨碍

某些人与富人的关系走得近一些，然而，难道能因为某些人家境一般就带着轻视的目光去看人吗？当然，并不是说我们应该瞧不起富人，而是说，我们应该把富人与穷人放在同等的位置上去尊敬。

要知道，富有只能表明这个人目前拥有的财产很多，并不能说明他的修养气质，就一定比穷人高多少。相反，一个人贫穷并不表明，他的人格就比别人低人。《弟子规》中说："凡是人，皆须爱；天同覆，地同载。"的确，我们生活在同一个地球上，同为人类，本没有高低贵贱之分。自然，也就不能因为一个人财产的多寡受到非正常的待遇。

通过学习《弟子规》，我们要明白关爱众人，就是要以一颗平等公正的心去对待所有的人，不因某人的身份、地位而区分开来。从现在起，平等关爱身边所有的人吧！

5 勿喜新厌旧，珍惜老朋友

社会在飞速发展，人与人之间的交往也日益频繁，为了建立良好的人际关系，不得不扩大自己的交际圈子，每天去结识更多的新朋友。无形之中，也就会疏远那些老朋友，这也是一件无奈的事情。

俗话说："人往高处走，水往低处流。"话虽如此，然而，结识新朋友，便丢弃老朋友这种观念是否正确？我们又应该如何去处理好新旧朋友的关系？这些都是现代人需要学习的问题。其实，关于这些，提倡"泛爱"的《弟子规》中也早已做了明确的规定："勿厌故，勿喜新。"意思是说，不要瞧不起身份低的老朋友，也不要去巴结那些有地位的新相识。

光武帝刘秀与严光是早年的朋友，两人在上太学时便相识了。后来，又因为某些事情的发生，让两人结交为无话不谈的好朋友。他们在一起谈论了许多，其中也有各自的理想。那个时候的刘秀在严光的面前，还略显自卑。然而，他们却彼此立下承诺："苟富贵，莫相忘。"

随着时局的变化，两人便就此别过，追求自己的理想。当然，刘秀经过努力终于达成了愿望，如今贵为皇帝。然而，他却没有忘记当年那个才华横溢的老朋友严光，于是，他派人到严光的老家去寻找他。他费尽周折才找到这位失散了几十年的老朋友，现如今两人的身份地位有了很大的悬殊。

然而，刘秀并没有因此而怠慢于他，不仅热情地招待他，而且还封他做

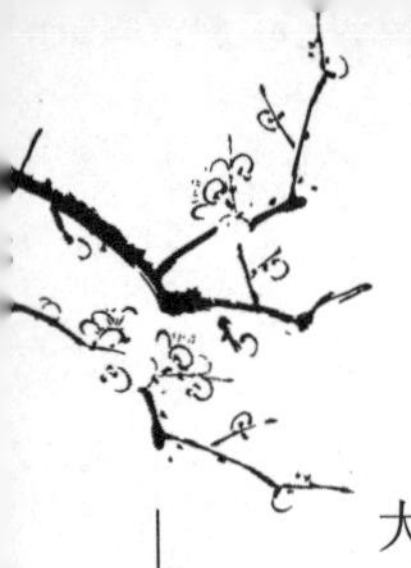

大官。可是，这一切并不是严光真正想要的，自然也就直接拒绝了皇帝的美意。虽然刘秀贵为皇帝，然而，两人却能秉烛长谈，同榻而眠。甚至，夜里严光还曾把一条腿压在刘秀的身上，刘秀都没有为此而恼怒。最后，刘秀尊重了严光的选择，让他回家去了。

在这个故事中，光武帝刘秀与严光原是上学时的朋友，历经政变，两人再没了联系。可是，做了皇帝的他，并没有忘记当初："苟富贵，莫相忘"的誓言，于是，决定找到严光，并封他为官。尽管，严光没有接受他的好意，然而，这也足以体现刘秀珍惜好朋友的优良品质。"贫贱之交不可忘，糟糠之妻不下堂。"可以说是对此的最好解释。一个人无论如今多么富有，都不能忘记贫贱之时所结交的朋友。

然而，现实生活中，有些人极力去讨好新朋友，看到那些不如自己的老朋友，却总是一幅轻视的样子，甚至把对方当成陌生人对待。也许有人会说这些都是顺应天理，其实，这些都只不过是某些人为自己喜新厌旧找一个借口而已。

每个人的一生都会经历许多时期，不同的阶段中，我们也会认识许多的朋友，给予我们许多帮助。正是由于那些老朋友的帮助，我们才能一步步发展起来，拥有今天的成就。也许有人认为，我现在已经不需要他人的帮助了，我们还感谢他们什么？"千里之行，始于足下"，如果没有最初老朋友的热情帮助，可能根本就不可能会有今天的成就，因而，对于越老的朋友，我们越应该珍惜。我们每取得一点成就，就要懂得感谢那些曾经给予过我们帮助的老朋友们。

那么，通过对《弟子规》的学习，我们又受到了哪些启示呢？

1. 以平等的眼光看待新老朋友，给他们最大的尊重也许,许多老朋友的确没有新朋友这样能给你带来什么帮助,然而,他们曾帮助过你,即使他们现在条件再不济,也不能嫌弃。老朋友正是那个陪你度过艰难岁月的人,现如今,即使你贵为天子,也应该像刘秀对待严光一样,既尊敬又热情。

2. 关爱好朋友,帮助老朋友

回头看看昔日的老友,可能他们对现在的你已没有什么价值,可是,至少他们曾经帮助过你。古人讲:"滴水之恩,当以涌泉相报。"即使当初我们受过的恩惠并不多,然而,却改变不了事实。那么,我们所能做的就是,以我们现在的条件去帮助老朋友,以报当初的恩情。

一个有修养的人应该是"苟富贵,勿相忘",越是条件不好的老朋友,我们越应该尽自己最大的能力去帮助他、关爱他,这才能称得上是有修养的人。因而,如果你也想成为有修养的人,多关爱老朋友,从心理上尊重他,用实际行动来帮助他吧!

6 不要随意打扰别人

《弟子规》中,不仅教育我们要懂得关爱哪些人,更教导大家如何关爱他人。《弟子规》讲:“人不闲,勿事搅;人不安,勿话扰。”它的意思是说,别人正忙得没空的时候,最好不要因为自己有事去打扰别人,别人情绪不安时,也不要唠唠叨叨对他说个不停。这是在告诉我们,关爱他人,要学会观察他人的心情,不要因为不懂得时机而惹人烦。

生活中,我们可能会遇到有求于人情况,如何抓住有利时机,才是顺利完成事情的关键。这一点说起来很容易,然而,未必人人都能做到。当然,这里说的有利时机,也就是学习看别人的心情说话办事。试想一下,如果你此时正为一件事烦恼郁闷时,别人来跟你说话或求你办事,自然心里很不痛快,“我自己的事情都忙不过来呢,哪还有心情管你的事啊!”当然,换作别人也会有一样的想法,因而,聪明的人懂得看别人的心情行事。看看下面的故事,你就该知道时机对办好事情的重要性了。

子禽是墨子的弟子,一次,他向老师请教说话之道。他问道:“多说话有好处吗?”于是墨子便答道:“那些青蛙、蛤蟆白天黑夜都会叫个不停,叫得口干舌疲的,可是却没有人愿意去听它的,反倒认为它烦。然而,雄鸡黎明时按时啼叫,天下都惊动了,人们却没有一个埋怨的。因而,一个人说话多并不见得就是好事,重要的是能否把握说话的时机。”

子禽听了墨子的一番教导，非常赞同，点头称是。

在子禽与墨子的对话中，墨子用青蛙与公鸡的叫声作比较，告诉墨子，一个人说话能否起到作用，关键是看能否把握说话的时机。当然，这一点对于现如今社会依然适合。在我们身边有许多人说话、办事不顾时间、场合、地点，抑或是整天喋喋不休，废话连篇。其实，这些都是阻碍事情成功的因素。

说话、办事看似平淡无奇，实际上也是一门相当高深的学问。如何要让对方听进心里，记进心里并按照你的要求去做，也是相当不容易的一件事。有些人天生性急，见到对方之后根本不管对方心情如何，现在是否有事，便开始按照自己的思路进行，终于等到自己说完了，一抬头，才发现对方今天的心情不是太好，暗叹不妙。当然，也还有那么一些人根本不顾及别人的拒绝，仍然在那里磨磨唧唧。结果可想而知，对方早已被你烦得透顶，碍于面子却无法直接拒绝你，只能沉默不语，或是用几句应付的话来打断。其实，这样的做法对说话、办事的结果都是很不利的。

《弟子规》给了我们以下启示：

1. 平常我们要多关爱他人，多关注别人的心情

对话是双方交际的一个基础，双方要有对话才能交流，有交流才能产生感情。因而，当然一个人忙着或心烦的时候，自然就无暇顾及更多的事情。这个时候，你即使夸奖他，也会让人觉得没意思。那么，你需要做的就是保持安静，给对方多留一点空间。日常生活中，我们要养成这样的好习惯，在有事要麻烦或打扰别人时，最好要先征求一下对方的意见，如“请问你现在方便吗？”

2. 学会察言观色，说话办事找到有利时机

一个人心情好的时候,即使一件很棘手的事情,也会乐于帮忙。因而,想要达到目的的话,要学会观察别人,等他人心情好的时候再去处理,这样会更容易通过一些。千万要记得,就算你的事情再着急,也不能尝试着在错误的时机来处理。这样做,不仅对于事情的进展毫无帮助,甚至还会给你带来负面效果。到时候,可就得不偿失了。

当然,《弟子规》是教育孩子们要从小做起,养成不打扰别人的好习惯。然而,这一点,对于现代年轻人如何处理好人际关系、如何说话办事也是很有用的。掌握好说话、办事的时机,可以说是每一个人的必修课。有时候,如果时机不对,即使你说得再动听,也还是无法达到预期的目的的。因而,说话前先看清时机,是很重要的。

7 打人不打脸，揭人不揭短

《弟子规》中讲究“泛爱”，当然，爱的形式有很多种。在古人看来，爱的形式还更应该表现在善待他人的短处与隐私上。如《弟子规》讲：“人有短，切莫揭；人有私，切莫说。”意思是说，他人有短处，不要随便在公开场合说出来；别人的隐私，千万别在外面到处宣扬。古人的爱他人体现在行动上，就是不说他人的短处，不传别人的隐私。

当然，关于这一点，不仅在古人看来很重要，对于现代年轻人来说，更需要这种“打人不打脸，批评不揭短”的精神。随着人与人之间关系的加深，许多年轻人之间说话越来越不讲究，更有一些人专门以“损人”著称。这种人总喜欢在公众场合专挑别人的短处来说人，以达到逗乐他人，引起别人的关注为目的。殊不知，你这样做等同于把自己的快乐建立在他人的痛苦之上，是有失道德的行为。更有人，整天到处搜集他人的照片，然后放在网上来供他人传阅，或是把别人的隐私问题公布在网络上，让大伙都知道，从而严重干扰别人的生活与工作。其实，“揭短”与“说私”都是一种不道德的行为。

在古人看来，一个有修养的人，就应该尊重他人的短处与隐私，真正做到关爱所有的人。当然，一个人想要做到这一点，必须拥有良好的修养，能够包容他人的缺点，更能宽厚待人才行。也许你会认为这样的人根本没有，

看看下面这位你就会明白自己今后该如何做了!

刘宽是东汉华阴人,他为人宽厚,有德量。据说,一次他乘牛车外出时,他遇到一个丢失牛的人上前来认,他便丢下牛车自己走回去。当然,后来,当那位失牛者找到自己的牛后方知误会了刘宽,便上门向刘宽请罪。然而,刘宽却没有怪罪失牛者,反倒是用语言安慰对方:“世间相类之物,容易认错,有幸劳你亲自送回,还有什么好谢罪的呢?”邻里乡亲都深表敬佩。

后来,他担任太守一职,处理起事情来仁厚宽恕。当时,他手下一名官吏因事犯了过错,要是放在以前,一定会被重重责罚,而且还会弄得众所周知,然而,刘宽却只是用薄鞭轻轻打了他几下,以示惩戒就算了。刘宽以性情温良而闻名,说他从未发过脾气,即使在急迫匆忙之时,也不看到他脸色难看,语气不好的时候。他的夫人也深感怀疑,于是,便想用计试探一番。

一日,他刚穿上朝服,收拾妥当打算赴朝会。这时,夫人便命侍婢给他端去一碗汤,并事先嘱咐要故意将汤打翻在他的朝服上。结果,正当侍婢低头等待受罚时,却见刘宽不仅没有责怪她,反倒是关心她的手是否受伤。由此可见,刘宽的宽宏度量竟然能到如此程度。

在这个案例中,失牛者认错牛,让刘宽自己步行回家,官吏出了错,也是由他承担,下人把他的朝服弄脏,这些事情都足以使人愤怒生气,然而,无论是对失牛者、手下的官吏,还是自家的下人,刘宽都是用宽容忍让来对待。古人尚且这样要求自己,作为现代人,我们提倡文明守礼,自然更要以刘宽的精神来要求自己。那么,通过学习《弟子规》,我们受到了以下启示:

1. 无论处于什么情况,都要尊重人,不揭人短

每个人都爱面子,因而,与他人相处时要学会尊重人。哪怕别人的相

貌、身高、体重多么与众不同，都要学会尊重人。学会将心比心，学会站在别人角度上思考问题，你会得到更多朋友。

2. 关爱别人，要学会替别人守秘密，隐私是不容侵犯的

生活中，你可能因为某种特殊原因，了解到别人的隐私。每一个人内心都会有不愿意、不能让别人知道的事情，如果你把这些说出去，也就是违背别人的意愿。要知道，泄露别人的隐私是一件很不道德的事情，有时甚至还会被追究法律责任。因而，学会尊重别人也就是尊重自己，从现在起，学会替别人守住这些秘密吧。

《弟子规》教导我们要关爱他人，并不只是嘴上说说那么简单，体现在实际行动中就是“不揭人短，不说人私”，给别人以尊重，方能获得良好人际关系。

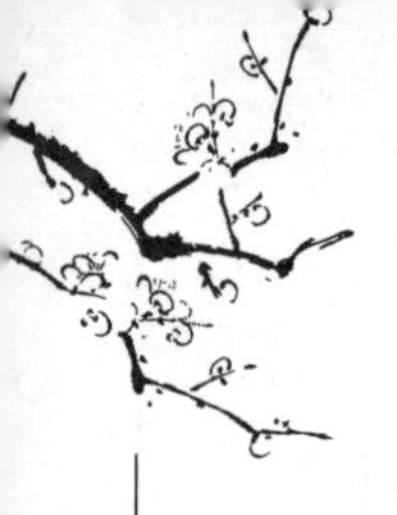

8 宽以待人，赞美就是一种善行

《弟子规》要求我们要善待别人的短处与隐私，以此来体现自己的关爱之情。每个人都有优点与缺点，我们要表达关爱之情的话，应该如何对待他人的优点与缺点呢？如果不这样做会有什么害处呢？当然，关于这些问题，《弟子规》中也一并给出了答案。

关于如何对待他人的优点，《弟子规》中是这样要求的："道人善，即是善；人知之，愈思勉。"意思是说，称赞别人的美德，本身就是一种美德，别人如果听到你这样夸奖他，自然会更加勉励自己，继续努力。因而，这就要求我们要宽以待人，多赞美别人。

这个看起来容易，做起来却很难，因为生活中有些人对于别人的美德总会认为是理所当然的，也就不会认为有什么值得称赞的。即使称赞也不可能会产生多大的影响。反而，生活中一个人如果做了恶事，人们总会记得清清楚楚，甚至还会有人到处去宣扬别人的恶行。这种做法是否正确呢？如果不正确的话，我们应该如何去对待那些人的不良行径呢？

紧接着，《弟子规》便提出了如何对待他人的恶行："扬人恶，即是恶；疾之甚，祸且作。"这句话的意思是说，到处宣扬别人的恶行，本身也就是一种恶行，如果是讲得太厉害了，可能会为自己招来祸害。历史上也的确有因为说人恶行，而丢了性命的。

灌夫是西汉人，字仲孺，初上战场，他也只是一个小小的士卒，然而，却因为勇武而闻名。为了替父报仇，他只带领了十几个骑兵冲进吴军，直抵吴军旗下，并杀死几十名吴军后，独自一人身负重伤而回。后来，未等伤势大好，他又力请再闯吴军。等到吴军被攻破时，灌夫也因此而名闻天下。

他为人刚直不阿，不喜欢当面奉承人，对于那些有权有势的人，他从不巴结。正是这样的性格，让他曾得罪了不少权贵，特别是和当时的丞相隔阂很大。那年夏天，丞相娶燕王的女儿做夫人，太后便下令让列侯与皇族前去祝贺。在酒宴上，灌夫因为敬酒的问题，便再次与丞相发生矛盾。当时，喝了酒的他没有顾及对象及场合，一怒之下，便把丞相所做的坏事都说了出来，结果可想而知，原本一场热闹的宴会就这样被搅黄了。要知道，丞相是当今皇上的舅父，面对灌夫的当面揭短，自然不会因此善罢甘休，后来还是找了一个借口把他处死了。

在这个故事中，灌夫身为一名将军，然而，却因为性格刚烈，看不惯那些权贵们做的事情，不善于奉承，反倒总是想办法和他们对着干，自然也就树下诸多敌人。最终却因为当着众人面说丞相的恶行，让自己丢了性命。由此可见，人际交往中，我们在与人相处时，要多说别人的善行，少说别人恶行为好。

当然，《弟子规》的用意是想教导孩子从小起要管好嘴巴，尽量不去讲别人的恶行。然而，放在当今社会中，这一点却并不完全适用。要知道，一个人有善有恶，这些都是正常现象，如果一味地掩盖别人的恶行，可能会让那些恶人逍遥法外。因而，掌握好这个分寸才是最重要的。那么，通过学习《弟子规》，对于别人的善行或恶行，我们应如何做呢？

1. 对于别人的善行，要大力表扬，以发扬良好风气

生活中，对于一个人的善行，我们要及时发现，并及时给予赞扬。这样一来，不仅可以鼓励这个人进行自我约束，也有利于大伙向他学习，从而树立起良好的风气。因而，当我们发现身边别人的善举时，要学会大力宣传，以发扬良好的社会风气，建立和谐文明的社会。

2. 对于他人所做的恶行，要学会区别对待

一个人有恶行，虽然说是不好的，然而，恶也有大小之分。比如，一个人只是自私自利，这并不会造成多大的影响，我们也就应该宽容对待，原谅他的过错。如果一个人正在危害国家的利益，甚至对他人的生命构成威胁，作为青年一代，我们自然要站出来伸张正义，同那些恶势力作斗争。然而，如何斗争，也是一个问题，想要成功做到这点，要讲究方法与形式的。否则，很可能没有达到目的，反而又遭受损失。

《弟子规》教导我们，关爱他人要宽容对待他人的善行与恶行。如果你也想做一个关爱他人的人，从现在起，多学会欣赏、赞美别人的善行，用宽容之心去包容生活中的“小恶”吧！

9 劝人行善也是在完善自己的道德

《弟子规》提倡大家要懂得关爱众人，那么，在人与人的相处中，如何去关爱别人呢？接下来，《弟子规》又对朋友之间如何关爱对方，提出自己的看法。在古人看来，朋友之间，既要懂得关心生活上的事情，更要注重精神方面的建设。《弟子规》讲："善相劝，德皆建；过不规，道两亏。"它的意思很简单，朋友之间要互相勉励行善，双方的道德就会更加完善；如果朋友有过错了不去相劝的话，双方的道德就会有所欠缺。

其实，关于这一点要求，无论是古代人还是现代人都会这样要求自己。同为好友，如果对方真的有什么过失的话，你却袖手旁观的话，也会于心不安的。当然，如果某人在对待朋友时真有这样的行为，那么，他们也可能根本算不上朋友。当然，古人在这方面给我们树立了很好的榜样。然而，规劝朋友说起来简单，真正做起来却未必就真这么简单。有时候，方法不对的话，很可能会让你的好心变成驴肝肺，更有甚者可能因此为自己招来灾祸呢。先来看看古人是如何规劝人的！

辛公义是隋朝人，自幼丧父，由母亲一个人将他抚养长大，并教他识字念书。从小到大，他一直刻苦努力，饱读诗书，终于成为有学问的人。后来，他被派到岷州当刺史，那里有一个很不好的风俗：家里老人只要染上疫病，全家人都避之不见，更不要提去给他看病并照顾他，面对患病者，往往都是

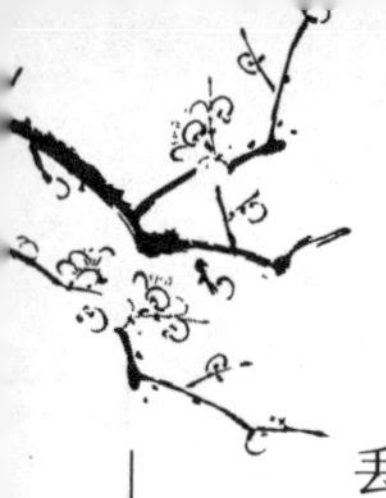

丢弃一旁,随其自生自灭罢了。在他看来,这根本没有什么道义可言的,他便打算改变这个坏的风俗习惯。

于是,他派官员巡察管辖地,开始挨家挨地察看。凡是遇到有病的人,他便要求全都用床把他们运送到处理政处的大厅中。夏季是传染病的高发季节,病人多达几百人,整个大厅都放满了病人。辛公义也安置一个位子在里面,白天黑夜地面对这些人处理政务。他还把自己所得的钱拿来给他们看病买药,并一个个喂他们按时吃药,最后,这些人全部痊愈了。

然后,他再派人把这些人的家人叫来,告诉他们:"我跟他们相处了这么久,却一点事情也没有,可以说明这根本不会传染,现在他们也好了,你们赶快把他们接回家去吧。"这些为人子女的看到自己的亲人能够健康地活着,都觉得非常惭愧。对于那些没有子女的老人,他把他们留在身边,亲自侍奉。就这样,辛公义用他的实际行动把当地没有孝义的风气完全扭转过来。因而,当地有人曾称他为"慈母",把他当母亲一样看待。在大家看来,他不仅帮助人们挽回了生命,还帮助大家挽回了良心道义。

在这个故事中,辛公义作为当地刺史,看到地方百姓对于生病的老人不管不顾的行为感到不妥,认为有失道义。因而,他打算规劝人们要关爱这些生病的老人。他并不是上门直接去呵斥对方该如何去做,而是把这些老人集中在自己的办事厅里,亲自为他们请来医生看病,花钱买药,使这些老人们都痊愈了,再去劝导他们要善待老人,尤其生病的时候。在事实面前,这些为人子女的都意识到自己的错误,也有了悔悟之心。由此可见,与人交往时,我们劝人行善是好事,然而,想要收获好的效果,就必须采用适当的方法。否则,很可能会好心办坏事。

生活中,每个人都会犯错,面对朋友的错误,我们该如何劝才能达到真正的目的？可以说，这也是一项技术活。如果不懂得方法与技巧，一味地直言相劝，很可能事与愿违。那么，通过对于《弟子规》的学习，我们受到了如下启示：

1. 朋友之间要相互鼓励行善，方能共同进步

作为朋友，不能一个人进步，更不能双方都停止不前。两人之间要互相鼓励，互相进步，形成一种良好的“赶超”精神。这样才能共同进步，从而避免某一方因受诱惑而误入歧途。

2. 朋友一旦出现过失，要及时相劝

互为朋友的一方如果出现问题，焉有看着对方的过失不去提醒之理？你的一句劝言可能会让他清醒过来，从而避免犯下大错。倘若听之任之，很可能会让对方步入更深的泥潭中去。因而，看到朋友出现过失，我们要马上提醒对方。

3. 劝谏也要讲究方法

劝谏他人也要讲究技巧，要知道适当的方式才能让对方心甘情愿地接受，从而起到好的作用。因而，做一个聪明的人，在规劝朋友时要考虑到对方的面子。最好能用事实说话，通过委婉的方式表达出你的真实思想，让他自己清醒。

《弟子规》教导我们要学会关爱朋友，朋友出错也要及时指正。然而，想要达到效果，恰当的方法才是最重要的。因而，如果你也想劝朋友的话，最好在方法上多花点心思。

10 己所不欲,勿施于人

关爱他人,是中华民族的优良传统,然而,要如何去关爱他人,古人也做出了很好的榜样。在古人看来,关爱他人就要像关爱自己一样,体现在每一个细节之上。当然,《弟子规》中也提出了具体要求:"将加人,先问己;己不欲,即速已。"意思是说,打算如何去对待别人,就应先问问自己,如果自己都不愿意的话,应该马上停止。这就是告诉我们,要关爱别人就要做到:己所不欲,勿施于人。

"己所不欲,勿施于人"此语出自《论语·颜渊》,也是孔子经典妙句之一,亦是儒家文华的精华之处。在这里孔子强调的是:人应该宽恕待人,应提倡"恕"道。《弟子规》要求大家要泛爱众,自然就要学会宽恕人。在古人看来,唯有如此才是爱人。在现实生活中,这种思想仍然可行。人际关系是一个人成功的重要因素,如何才能拥良好的人缘,其中之一就是要拥有这种"己所不欲,勿施于人"的精神。先一起看看下面的故事吧!

官渡之战在即,袁绍拥有北方最强大的势力,这一仗的结果如何,实在让人难以琢磨。于是,公元199年,袁绍率领着十万大军进逼许都,当时驻守许都城的是曹操的人马。面对敌强我弱的强大悬殊,曹操的部属们都感到惶恐不安。面对战事,关中的诸将们对这次战事也持中立观望的态度。当然,也有一些人因为对曹操处境太过于担忧,唯恐战争开始后会有生命危险，因而，早早地暗中与袁绍联系上了，早已为自己谋好退路。

当然，事情也并非大家所想的那样。最后，曹操用奇计、出奇兵还是以少胜多，战胜了袁绍军，袁绍率领着残兵败将渡过黄河。曹操便派人搜了敌方的营地，当然，那些与袁绍互通的部属们所写的书信也一并给找了出来。看着这些书信，早有二心的几个人内心充满不安，他们不知道会有什么样的惩罚在等待着他们。然而，出乎意料，这些信件曹操看也没看就派人统统烧掉了。后来，有部下便问曹操为何不一查到底，看看都是哪些人曾与袁绍勾结。曹操只是说道："这些跟我一起出生入死的人，谁家没有妻儿老小，面对着如此悬殊的战事，难免会有人想另谋出路。别说他了，当时连我自己都没有信心会打赢这场仗。所以，我又怎能去这样要求他们呢。"因而，这件事过去就算了，自然也就不用去追问了。

看到曹操能当着大伙的面把那些书信烧掉，那些有二心的人心中的一块石头终于落地了。当然，他们也为自己曾经所做出的事情感到万分羞愧。同时，大伙都赞叹曹操能有如此宽广的胸襟，从那儿以后，他们对曹操更加忠心耿耿。

在这个故事中，面对力量悬殊的战事，曹操的部下因为对战事没有信心，所以暗中与袁绍书信联系，以谋退路。然而，最终曹操却以少胜多，取得战事的胜利，自然也就找到这些互通的书信。面对下属的背叛，他却能宽恕他们。在手下的错误面前，曹操不仅没有责罚他们，反而原谅了他们的行为，不仅让自己内心轻松起来，同时也为自己争取了更多忠诚的部下。由此可见，生活中，学会关爱他人，学会推己及人的宽恕别人，是获得良好人际关系的重要因素。

《弟子规》调强关爱他人，教导人们要学会站在对方的立场上思考问题，

只有做到将心比心，才能巧妙地处理好人际关系中出现的问题。这一点，放在当前社会关系下，依然合适。生活中，我们要如何做才能使人与人之间变得和谐？通过学习《弟子规》，我们得到的启示如下：

1. 与人相处，要学会心存善念，关爱他人是根本

人与人的相处，也是心与心的交流。一个人如果能够以一颗真诚善良的心去对待别人，自然可以换来别人的真心相对。因而，与人交往时，我们要学会关爱他人，对他人多一些给予，少一些索取；多一些理解，少一些抱怨。

2. 想要搞好关系，贵在将心比心

人心都是肉长的，别人如果对你不好，那么，你自然会心中不快。同样，如果你对别人不好的话，别人也会心存不满。因而，当你打算如何对待别人时，先问问要是换成是自己，又会如何反应，再决定你该如何做。

生活在这个世上，想要拥有和谐的人际关系，就必须学会关爱他人。《弟子规》教育我们对待别人，要学会将心比心，方能为自己赢得良好的人际关系。所以，从“心”开始，学会“将心比心”，做一个关爱他人的人吧！

11 受人之惠，要学会感恩

从古到今，流传下来许多关于报恩的词句，什么“滴水之恩，当涌泉相报”、“大恩大德，没齿难忘”等，可以说有恩必报是中华民族自古以来的优良传统。当然，《弟子规》里也提倡孩子们做到这一点。《弟子规》讲：“恩欲报，怨欲忘；抱怨短，报恩长。”意思是说，得了别人的帮助，应该想办法去报答，和别人结怨的话要想办法忘掉。抱怨别人一时就够了，报恩才是更长远的事。

在古人看来，一个人要做到关爱他人，就要学会时常记得报答别人的恩惠，而那些与人结怨的小事能早一点忘记就早一点忘记，能尽快放下就要赶快放下才是。相反，报答他人的恩惠却是永远也不能忘记的。然而，现实生活中，在报恩与抱怨中，人们往往更擅长于抱怨。其实，这种做法并不明智。下面一起看看古人是如何做的吧！

韩信是汉朝的开国功臣，然而，他幼时的生活却非常艰苦。很小的时候，他跟着哥哥嫂嫂生活，常常是衣食无着，靠着吃剩下的饭菜过日子。虽然生活很艰苦，可是他并没有放弃自己的理想。白天，他帮助哥哥干活，晚上常常刻苦读书，可是家人还是对他感到厌烦，认为他这样浪费灯油。于是，他只好流落街头，过着衣不蔽体，食不果腹的生活。

后来，他流浪到河边，以卖鱼为生，时间一长，河里的鱼越来越少，生活也就越发艰难了。一位在河边洗衣服的大娘看到他后，每天都拿出一个饭

团与他共享。对于大娘的恩惠，韩信十分感激，说道：“您的恩情，我将来一定会好好报答的。”听了他的话，大娘笑着说：“我是看你可怜才帮助你，只要你能长大成人就不错了，谁要你的报答呢？再说，等你长大后我可能早就入土了。”韩信不禁落泪，向着大娘重重地磕了几个响头，然后就此离去了。

韩信此去进了军营，在战场上，他纵横驰骋，屡建奇功，成为著名的将领，被刘邦封为楚王。然而，虽然他已经富裕起来，可是他并没有忘记当初有恩于他的那位大娘，于是，他返回老家再次找到那位恩人。如今恩人已经是满头白发，韩信见到她后，马上跪下说：“您是我的救命恩人，也就是我的重生之母，我说过，我会报答你的。”后来，他把老人接进自己的府里，像对待自己的母亲一样对待她。

在这个故事中，开国功臣韩信因为从小生活艰苦，曾一度流浪在外，孤苦无依，幸得一位大娘好心帮助，才能活下来。对于大娘的恩惠，韩信决心将来一定要好好报答。当然，历经沙场，屡建奇功，韩信成为了著名的将领，被刘邦封为楚王。于是，他回到家乡去找寻往日的恩人，亲自侍奉她。作为一代大将韩信，尚能在成功之时犹记得当初得人饭团之恩，及时相报，我们更应该向古人学习这种精神。

然而，再看看我们身边的人，有些人对于别人所给予的帮助或好处认为是理所当然的。也有些人认为小事一桩不值一提，当然，还有人认为只要说一声感谢就可以了，没有必要天天放在心中念着。反倒是大多数人和别人有点小矛盾往往会耿耿于怀，念念不忘。其实，这种做法并不明智。聪明的人懂得，一个人想要活得快乐，就要学会忘怀伤害，铭记恩惠。

佛法里讲，人有四种恩德必须报答。父母之恩是第一个，没有父母的生之养之，我们也就不可能长大成人。师长之恩，位于其次，老师的辛勤教导，让我们拥有了知识，懂得做人的道理，给予我们智慧。紧接着，社会的恩惠，如果没有好的政策，没有安定的环境，我们自然也不可能拥有今天这一切。最后便是他人的恩惠，这些都是我们必须要报答的。《弟子规》中提倡我们每一个人都要善记恩惠，忘却抱怨。通过学习，我们受到如下启示：

1. 人生在世，要学会心存善念，人生才能快乐

每个人的一生都会经历失意与得意，无论他人如何伤害过我们，只有放下心中的仇怨，你的内心才能拥有快乐，你才能体验到人生的美好。因而，做一个聪明的人，对于他人给你的伤害与恩惠相比，要学会原谅别人的过失，多想着他人曾给你的好处。

2. 恩要报，更要记，学会感恩

生活中，对于别人的帮助或付出，我们要学会感恩，及时回报。俗话说："饮水思源"，我们的衣食住行都来自于父母，都来自于社会。要知道，正是他人无私的付出才为我们创造出丰富的物质生活条件。我们又怎么能不知恩图报，回馈他人呢？

《弟子规》教导我们要关爱他人，就是要铭记他人的恩惠，并及时报答。因而，做一个聪明的人，从现在起，关爱他人吧，做一个懂得感恩的人，你的人生会变得更加美好！

12 要平易近人,以理服人

《弟子规》提倡关爱众人,当然,这个众人肯定也包括那些身份、地位低于我们的人。那么,面对生活中那些身份、地位不如我们的人,我们该如何去体现关爱之情呢?《弟子规》中也给出了明确的答案。那就是:"待婢仆,身贵端;虽贵端,慈而宽。"意思是说:对待家中的侍俾、仆人,主人也应该以端庄的品行态度让他们内心畏服。尽管如此,作为主人还应该体现出你宽厚仁慈的地方,还要表达出你的尊重。

也许有人会认为,这点对我们现代人来说,根本没有必要,因为家中根本没有侍婢、仆人了,可是,却无法排除现如今有些家庭雇有家政工作者。当然,这一点也不仅仅局限于家中的佣人,同样还可以用于上司与下属的关系之中。因而,学会关爱弱势群体,对于现代人来讲,也是大有用处的。下面请先看一个古代的故事吧!

吴起是战国时期的军事家,军事改革家。后世也曾有人把他和孙武连称为"孙吴",由此可见,他的军事才能在历史上还是备受推崇的。吴起用兵,重在"治",而不在多,因而,他推举出了严格的"武卒"选拔制度。通过训练,把这些合格的"武卒"变成精劲之师。然而,他治军主张严刑明赏,教戒为先。当然,他同样是这样来要求自己的。

因而,他在军队中的威信很高,士兵们都有些敬畏他。尽管在军事上,他对士兵严格要求，然而，在生活上，却总是和最下层的士兵同住同食。身为将军，他每天过的都是艰苦的日子，睡觉不铺席子，行军的时候也不骑战马，而是和士兵们一起自背干粮。见到他这样，士兵们内心都很感动。

有一次，一个士兵的脚下上生了疮，吴起知道以后，二话不说，便用嘴为他吸脓。这个士兵的母亲听到后，便号啕大哭。别人都不明白她为什么哭，就问道："你儿子仅仅是个士兵，能够遇到这样好的将军，不是件很好的事情吗？你又为什么要哭呢？"这位母亲听完以后，便痛哭着告诉大家，孩子的父亲当年也曾被吴起给吸去了身上的脓疮，最后战死在沙场上。她怕这样一来，自己的儿子不知道什么时候也会像父亲一样，又将不知道死在哪里？

当然，正是靠着严格要求，同时又关爱士卒的方法，吴起才能使手下的士兵无论到哪里都会奋勇杀敌，百战百胜。

在这个故事中，将军吴起无论是在作战还是平日训练中，他都要求自己按照士兵的身份来做。通过严格要求，使得全军的士兵对他都心生敬畏。同时，他还懂得关爱士兵，士兵脚下有脓疮，他却不嫌弃用嘴吸去脓汁，从而，让士兵从内心感到折服，自然也就愿意替他效命。在现代人看来，这才是真正的智者，也才是真正能够做领导或主人的人。在与士兵的相处中，他不只懂得树立威信，更懂得关爱下级。这种精神，在追求人人平等的今天更加可贵。一个聪明的领导要知道，无论你的身份、地位有多高，在树立威信时，千万别忘了给予下属必要的关爱，这样才能让人从内心折服。

然而，现实生活中，身居高处而又能够做到这一点的人有多少呢？一些人之所以让人畏惧皆是因为权势在手，如果一旦失去钱、权、势的帮助，又有几人能够真诚地对待你呢？其实，这种做法并不正确。《弟子规》说："势服人，心不然；理服人，方无言。"意思是说，用权势去压服别人，他人只会面服

心不服。用道理服人，才能令人心服口服。

的确如此，人生在世，你依仗着自己的权势去压制别人，可能会让对方嘴上服你，然而，并不能让对方内心诚服。然而，如果能够晓之以理，动之以情地去说服对方，一定可以化解他人内心的抵触，从而让人对你言听计从。通过学习《弟子规》，我们受到的启示如下：

1. 无论是领导还是雇主，要学会恩威并施，方能服人心

一个人无论你身份、地位多高，金钱有多少，都并不能表明你就比别人高贵一些。因而，在对待身边的普通人时，要想树立威信，当然得先从自己做起。只有自己先树立起良好的形象，才能让人信服。同时，我们也不能忘记关爱他们，关注他们生活中的每一个细节。

2. 遇到问题，学会用理去感人，而不是以权压人

聪明的人懂得，在处理某些问题时，不能利用手中的权势来压制对方。要知道，即使再小的事情，如果不能够给予对方足够的尊重，很可能会遭受拒绝。因而，做一个聪明的人，要学会尊重他人，学会用道理、真情去感化他人，唯有以理服人，方能让对方心口一致，信服于你。

《弟子规》提倡大家关爱众人，更应该关爱我们身边的弱势群体，用真诚、道义赢得他人的认同。因而，如果你也想要获得他人的尊重，从现在起，关爱身边的那些弱势群体吧！

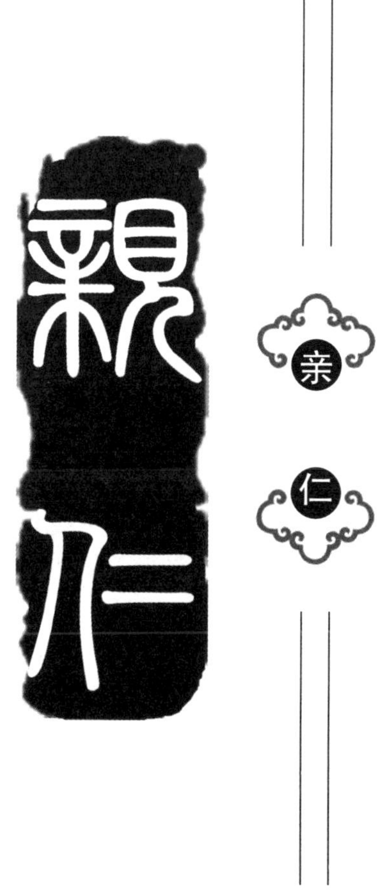
亲
仁

1 要会在世俗的人群中分辨出真正的仁者

人的一生，会结交很多的朋友，每个人都希望自己能够拥有仁慈、善良的朋友，不仅饱读诗书，还要有较高的道德修养。经常与这样的人接触，你的个人能力和思想道德水平都会慢慢地得到提高。从古到今，中国的传统文化就要求我们："亲仁"，多与仁者接近，以仁者为友。唯有如此，才能帮助我们取得进步。

然而，实际情况却未必能尽如人愿，我们身边生活有众多的人，又有几人才是真正的仁者，如何才能找到这些良师益友呢？《弟子规》中是这样告诉大家的："同是人，类不齐；流俗众，仁者希"。意思是说，同样作为人活在这个世上，然而，品行道德高低却各不相同。品行、道德一般的人比较多，真正品行高尚的人却很少。也可以说，我们身边的人根据品行可以分成好几个等级，那些真正的仁者是很少的，因而，想要亲近仁者，就要先学会识人，唯有如此才能发现真止的仁者，并与他们结为好友。让我们一起来看看下面的故事吧！

王烈是东汉时期的人，他博学多识，通晓大义，无论是品性和学问都非常出众。因而，他所教出的弟子中，个个举止端庄，悉通礼数，通晓仁德。在王烈的影响下，乡里，乃至郡州的民风都得到了改变，个个人心向善，关爱他人。

一次，有一个偷牛贼被人捉到，失主一看，原来也是一个穷苦之人，本想好好批评教导他一番，可是想到王烈曾以仁德关爱来教化大家。于是，他并没有责罚偷牛贼，而是对他予以劝导之后，便把他放走了。然而，偷牛之人临走之时说道："多谢大人，我是一时糊涂失了本性，今后一定会改恶从善。既然大人已经宽恕于我，就不要再将此事告诉王烈，免得他为我操心难过。"

然而，这位失主最后还是没有忍住便把这件事说给了王烈。王烈知道此事后，便拿出一段布匹让失主转送给偷牛人。失主对此大感不惑："此人原为盗，又怕你知道，你反而要送布给他，这是为什么啊?"王烈说道："此人能悔其过，怕我知道后难过，则表明他知耻心善，我送予他布是鼓励他能够改过，同时表示我们的关心。"

后来，有一位老者经常挑着重担走路，十分艰难，一个人总会接过他的担子帮助他挑十几里路，把老人送到家门口。然后才放下担子，不留姓名就离去了。后来，这位老者把随身所带的剑给弄丢了。这个人看到后，原本不想管它，可是后来一想到失主发现剑丢失后着急的样子，便拿着剑守在路口等待失者来找。结果一直等到天黑，才等到剑的主人，也就是前面挑担的老人。老人看到这个人几次相助，深表感激，非要对方留下姓名，可是那人却道："区区小事，又怎么值得一提。"王烈知道此事后，便派人前去调查，发现原来这个助人者正是之前的偷牛人。

在这个故事中，王烈不但博学，而且还心存仁义，也以这个标准来要求自己的弟子。当听说偷牛人的事情后，他为对方能感到耻辱并及时改正而高兴，还专门派人送布以表关心。在他的鼓励下，偷牛人不仅改过了，而且开始乐于助人，甚至捡到别人的东西还会等失主到来。偷牛人之所以能从小偷最后成为拾金不昧的人，正是因为受到王烈的帮助与感化。由此可见，一个人如果能够做到亲近仁者，时间长了，自己也就会与仁者越来越近了。

《弟子规》要求我们要学会亲近仁者，与仁者为友，然而，仁者并不是随处可见的。想要得到进步，就必须找到真正的仁者。通过学习《弟子规》，我们得到的启示如下：

1. 身边的人有很多，然而，真正的良师益友却并不多

我们身边的人很多，可是真正能够称得上仁者的人，却为数很少，因而，当我们在选择朋友的时候就应该更加认真谨慎一些，谨防交到“小人”。

2. 交友要慎重，益友莫错过

像王烈一样的人，恐怕当今世上并无几人。因而，我们要学会辩证地看待问题。孔子说：“三人行，必有我师焉。”每个人都各有长短，遇到那些能够给我们指引人生方向的人，就不要错过机会。

《弟子规》教导我们要亲近仁者，因而，日常生活中我们要多与那些品行高尚的人交朋友。要知道，朋友相交，贵在能够相互勉励，相互帮助，共同进步。因而，我们选择朋友的时候，一定要看准，莫让“小人”毁了你的一生！

2 要做不谄不媚、人人敬畏的仁者

《弟子规》要求我们要亲近仁者，与仁者为友，以求得人生的进步。然而，仁者本来就比较少，什么样的人才能称得上仁者呢？或者说，一个人想要成为仁者应该具备哪些条件呢？当然，针对这些，《弟子规》在接下来的内容会告诉我们答案。

《弟子规》讲："果仁者，人多畏；言不讳，色不媚。"意思是说，真正品行高尚的人，大家都会敬畏他。这样的人，说起话来没有什么忌讳，也不会去谄媚讨好别人，以求得个人利益。也就是说，那些真正公正无私的人，才能称得上是仁者，自然会受到大伙的欢迎。历史上可以称得上是仁者的人，还有很多，下面写的就是这样有一位。

经过一番战乱，公子小白最终顺利坐上王位，成为名震一时的齐桓公。即位后，他急需要找到有才能的人来辅佐他，因而，齐桓公力请鲍叔牙来任相。然而，鲍叔牙却自认才能不如管仲。在鲍叔牙的努力下，成功地说服了齐桓公，同意请管仲来帮助他一统江山。

两人经常在一起商量国家大事，有一次，齐桓公召见管仲，讨论国家的发展问题。经过长期的接触，管仲知道齐桓公的政治抱负，然而，两个又没有具体谈论过。于是，他直截了当地对齐桓公说道："如果你决心称霸诸侯，国家就可以变得安定富强，然而，如果你只是安于现状的话，那么，国家自然就不可能安定富强。”听了他的话，齐桓公答道：“我现在还不敢说这样的大话，等将来见机行事吧！”听至此，管仲方被他的诚恳所感动，于是便向齐桓公表达自己的意愿。在管仲看来，他之所以苟活到现在，而没有为公子纠而死，就是因为他想为江山社稷作贡献。

于是，为了能够帮助齐桓公称霸业，管仲开始了一系列的改革，无论是行政上的机构划分，还是军队上的寓兵于农及经济上“相地而衰”的土地税收政策。经过这一系列的改革，终于使得齐国出现了民足国富、社会安定的繁荣局面。

当齐桓公看到国家的安定局面时，便有了会盟诸侯的打算，然而，却遭到管仲的谏阻，并劝他利用“尊王攘夷”的政策来开拓局面。齐桓公非常信任他，在他的亲贤纳谏下，齐国的国力大盛，终成为春秋五霸之一。

故事中的管仲原来是公子纠的老师，而鲍叔牙才是公子小白的老师。在打败了公子纠后，公子小白才能顺利地坐上王位。在鲍叔牙的推荐下，管仲为齐国的江山社稷考虑辅佐齐桓公治理齐国。然而，对于齐桓公的知遇之恩，他也依然不卑不亢，直言进谏，更不会因为自己的利益去故意讨好齐桓公。在他的亲贤纳谏下，齐国日渐变得强盛起来，成为春秋五霸之一。当然，齐国之所以能有如此的局面，正是由于齐桓公亲近管仲这个“仁者”的结果。当然，管仲也因为一生亲民爱民、公正无私，没有隐瞒，又不会故意谄媚于人，而受到大家的尊重。那么，《弟子规》告诉我们，想要成为真正的仁者，应该具有以下品质：

1. 具有大公无私的精神，内心怀有对众人的爱

仁者，爱人也。一个人想要成为仁者，首先要让自己有爱心，才能关爱他人。因而，做一个仁者就要学会大公无私，凡事都以大家的利益为重。

2. 懂得社会的礼仪约束,并能严格要求自己

作为一个仁者,无论是言行举止,都要成为楷模。因而,他要学会克制自己的私欲。当然,对于那些礼仪道德与规范也是不可缺少的东西。为人处世,如果能够做到礼仪具备,方能称得上是仁义之人。

3. 具有较高的思想觉悟,做人才能高境界

生活中,存在着许多的名利诱惑,然而,一个人想要成为真正的仁者就必须做到能看透一切,才能不被诱惑所吸引。当然,一个人想要达到这种境界,必须保有足够高的思想觉悟。否则,很可能会因为一件事情让你身败名裂。因而,想要成为仁者,也要从提高思想觉悟上做起。

《弟子规》教导我们亲近仁者,方能离仁者之路越来越近。然而,想成为一个仁者,并不是一蹴而就的事。需要一个人不断地努力。当然,只要能够坚持按照这些标准来要求自己,相信每一个人都能成为仁者,赶快开始努力吧!

3 多与品德高尚的人接触，你的德行也会得到提升

人有好坏之分，与一个人接触时间长了，自然而然就会受其影响。因而，《弟子规》向大家提出要学会亲仁。在古人看来，与真正的仁者接触，自己的行为自然而然会变得好起来。《弟子规》中讲："能亲仁，无限好；德日进，过日少。"它的意思是说，能够亲近品行高尚的人，对自己有莫大的好处，道德品行也会一天天提升，过错会一天天减少。

社会在发展，人与人之间的交往越来越密切，如果与你交往的都是一些仁者，那么，在长期的接触之中，你也会向他们看齐，自然也就会严格要求自己，品行也就会慢慢变得高尚起来。其实，《弟子规》在这里主要是讲环境对一个人的影响很重要，为了能够得到良好的发展，我们要选择优良的环境。当然，古人更看重这一点，相信看了下面的故事，你也会深有同感的。

孟子名轲，是战国时期伟大的思想家，然而，他小时却是一个非常调皮的小孩。孟子自小便失去了父亲，由母亲一人把他抚养长大。孟子的母亲希望儿子能够读书上进，可是，幼时的他并没有那么听话。刚开始，他总是跟邻居家的一些孩子们爬树捉鸟、下河摸鱼，甚至他们还去别人的田里去偷瓜。母亲对他又打又骂，却没有任何效果。因为，只要看到别的小朋友们那样做，孟子还是会不顾一切地跟上去。

孟母认为要彻底改变目前的状况，必须远离这种环境，说干就干，孟母

为了自己的孩子能学好,便把家搬到一处邻居家没有小孩的地方。可是没过几天,母亲便发现孟子又趁她外出洗衣的空隙到外面去玩了。没过多久,孟母便找到正在学铁匠师傅打铁的孟子。此刻,他正陶醉在以砖块做铁砧,木棍做铁锤的游戏当中,看到这里,孟母便决定再次搬家。

这次,孟母把家搬到了一片荒郊野外,周围连一个邻居也没有,门外就是一片坟地。可是,这样也并没有让孟子变得好学起来。转眼清明节到了,上坟的人有很多,哭哭啼啼的,好不热闹,孟子看到一溜穿着孝服的送葬队伍,把一个棺材埋了,他觉得挺好玩的,也便照着样子把小树棍当做死人给埋了,直到母亲找到他后,把他拉回家去。这次,孟母把家搬到了一个学堂的附近。

看到隔壁学堂里胡子花白的老师正在给一群孩子上课,孟子也摇头晃脑地照着老师的样子,拖腔拖调地像唱歌一样地念着,孟母很高兴,便把孟子送到学堂去上学去了。当然,后来孟子也曾逃学,然而,在孟母"断机杼"的举动下,孟子最终明白了道理,从此,专心用功读书,最终才能成为儒家学说的主要代表人物。

这就是有名的"孟母三迁"的典故,在这个故事中,孟母搬了几次家,最开始,孟子都是学着邻居的样子,不是跟小伙伴玩,就是学铁匠打铁,甚至还学着别人玩"埋死人"的游戏,直到他们搬到学堂的附近,孟子才学着老师的样子摇头晃脑地学读书。由此可见,环境对一个人的重要性,尤其是对于那些未成年人,环境的作用更是不可低估的。这个故事旨在告诉我们,一个人想要成功就要多接触好的环境,当然交朋友的时候,要多与仁者交往,才能让你的品行得到更大的提高。

自古人们就说:"近朱者赤",对我们来讲,一个人如果能够多亲近一些有仁德的人，并向他们学习，自然就可以使自己的德行一天比一天进步，当然，过错也就会跟着减少。因而，通过学习《弟子规》，我们受到的启示如下：

1. 交友要慎重，认清好坏人

人生免不了要与他人交朋友，虽然，交什么样的朋友完全在于个人的决定。然而，一个人交友时也要抱着慎重的态度，宁缺毋滥。有些人认为“朋友多了路好走”，就到处交友，有时根本不分好坏，到头来很可能被人拉下水。因而，做一个聪明的人，交朋友时一定要谨慎对待，分清良莠，再做决定。

2. 多与仁者打交道，为自己打造一个良好的环境

生活中，我们可能会遇到各种各样的人，在这些人中，有一些品德高尚的人，当然，也会有一些品行低下的人。然而，我们不能像孟子刚开始那样，见什么学什么，而是要学会择善而从，才是最重要的。多与那些仁者打交道，才能为自己打造出良好的环境，从而提升个人的品行。

《弟子规》教导我们，想要让自己的德行有所提高，就要选择好的环境，多接触仁者。因而，一个人如果想要进步，就要懂得与益友为伍，这能让自己也变得更好。因而，从现在起多结交身边的仁者吧！

 远离仁者,对自己有百害而无一利

一个人经常与仁者为伍,自然也就会越来越接近仁者。然而,如果一个人不懂得亲仁,又会是什么样的结果呢。当然,《弟子规》中也做出了具体的说明:“不亲仁,无限害。”意思是说,一个人如果不接近一些品德高尚的人,对自己有莫大的坏处。

身处当今社会中,在物质利益的驱使下,一个人很容易因受到外界的诱惑从而做出有违道德的事情。当然,如果你的身边时时有一个仁者提醒你的话,自然就可以规避所有的风险。由此可见,亲仁可能让一个人进步,如果不亲仁的话,那么,身边自然也就没有人为你敲警钟,很可能会做出一些不当的行为来。看看下面的例子,也许你就会明白这一点!

齐桓公在管仲的帮助下,方能够使国家安定,使齐国成为春秋五霸之一。然而,随着管仲的离去,齐桓公没有主动去亲近管仲所推荐的仁者,最终丢了性命,不得不引人深思。

齐桓公一向有知人善任的美誉,然而,却未能谨遵管仲临终前的遗训。管仲死后,他虽然也将易牙、竖刁、开方等三人逐出宫去。然而,失去了仁者的影响,齐桓公自然也就无法认识到自己的不足之处。没过多久,他便再想起那三人的好,失去了三人的他便越来越觉得日子难熬,就像是丢了魂一样,吃不下饭,睡不着觉。自然,没过多久,齐桓公便又不顾他人的反对,把

这三人又再次召回宫中，依旧像先前一样宠爱有加。因为鲍叔牙极力反对，齐桓公更加远离他，使得三人更加专横，在朝野之上极力压制鲍叔牙的权势。最终，鲍叔牙在一怒之下，愤恨而去。自此，齐桓公身边也只剩下易牙之类的小人。

齐桓公作为春秋五霸的第一位霸主，之所以能够开创出这样的局面，自然在于管仲、鲍叔牙等的全力辅佐，采用的一系列"尊王攘夷"、"九合诸侯"的措施，才能首开春秋时代大国争霸的局面。当然，这一切都在于他能够亲仁者，接受管仲、鲍叔牙等的建议。管仲死后，由于失去了仁者的影响，他的内心也便开始动摇起来，自然会把些势利小人的当成宠臣，以至于做出复召他们回宫的事情来。正是缺少与仁者的接触，让那些势利小人的权利越来越大，齐桓公自然也就远离了鲍叔牙，最终让鲍叔牙悲愤而死，齐桓公痛失良相，从而也加剧了他末日的到来。由此可见，作为一代霸主，不亲仁的话，不仅会让小人得势起来，更有甚者会痛失更多的良臣。这些都是在告诫我们，要学会与仁者相近，方能从根本上远离恶人，获得人生与事业的成功。

与仁者相处时，很可能会面临被批评的风险。于是，生活中一些人总会因为所谓的自尊心而主动远离那些真正的良师益友。这样一来，自然也就少了行动的指引者，以及处事的参考标准，长此以往，他们很容易做出一些不得体的举动还不自知。正是缺乏仁者的指引与教导，他才会失去正确的方向，自然会做出一些错事来。那么，通过对《弟子规》这点的学习，我们受到以下启示：

1. 一个人不懂得亲近品行高尚的人的话，很容易改变内心

"人之初，性本善"，在古人看来，一个人从生下来时，内心都是向善的。当然，如果不懂得亲仁的话，在日积月累的社会洗礼中，他纯洁的内心很容

易受到外在不利条件的影响，从而改变一个人的性情。关于这一点，在《三字经》的开篇便提出这一论点。在我们看来，想要改变这一状况的话，从小开始就要主动接近仁者，以此来督促自己向仁者学习，降低变质的概率。

2. 交朋友要有选择，不良的人，要坚决远离

生活中，也有一些人虽然“身处淤泥”，但是能做到“不染”。在我们的身边，也确曾有这样的例子。于是，有些人便以此为借口，认为“近墨未必会黑”，开始放任自己与某些不良的人交友，然而，事情结果却往往难以想象，最终他会与邪恶势力同流合污起来。因而，聪明的人不会用自己来做实验，对于那些不良之徒，坚持远离才是正道。

《弟子规》告诉我们，如果不能够做到亲仁，那么，一个人很容易会受到坏势力的影响，从而，做出错误的行为。因而，可以说，同仁者交往，可以提高一个人的品行。相反，同一些小人交往，不是让你自己变为坏人，就是让你遭受损失。因而，做一个聪明的人，从此刻起，远离不良之徒，才是明智之举。

5 周围有小人环绕，诸事难成

生活中，如果一个人远离正道，整日与不良之徒为伍的话，又会变成什么样子呢？也许有人认为，无非也就是他也会改变，没什么大不了的。真的如此吗？其实不然，《弟子规》接下来正要指出，与小人亲近的危害所在。《弟子规》讲："小人进，百事坏。"意思是说，如果品质恶劣的小人接近你，不管什么事都会办不成的。

社会在发展，人类的文明也在进步，然而，现在的文明程度却又落后于社会的发展。因而，一些人便利用各种手段来获得不正当的利益。一个人如果失去了仁者的影响，便很容易在利益面前失去做人的原则，被一些小人所利用，到头来，很可能会一事无成。也许有人会认为，自己的意志力强，不可能受到他人的影响。要知道，"智者千虑，必有一失"，更不要说我们根本还算不上是真正的智者，很可能会跳入别人布好的陷阱中，到头来事不成不说，更有甚者会丢了性命。

一个人如果与小人亲近的话，最终只会损人害己，别提做事了，可能连性命都难保。通过对《弟子规》的学习，我们受到的启示如下：

1. 生活中，要洁身自好，严格要求自己

在现实生活中，每一个人的身边都会有一些小人存在。仁者为什么不会被小人所利用，关键在于，他们洁身自好，无论说话还是行事，都会按照规

定来要求自己。自然没有小人的可乘之机，也就不可能被他人所利用。因而，如果我们也想要不被小人盯上的话，就要学会严格要求自己，凡事都严要求，高标准才行。

2. 生活中，要多向仁者学习，方能找到正确的道路

人的一生中，会遇到许多坎坷与诱惑，在这些困难面前，我们要多向身边的仁者请教，多向他们学习为人处世的方法，这样才能在遇到问题时，做出正确的决定。因而，多向仁者学习，多与仁者亲近，是避免犯错的根本途径。

《弟子规》告诫我们如果与小人为伍，将危害到自己与他人的利益。因而，做一个聪明的人，要多亲近仁者，才能发现他人的优点，提升自己的能力。如果你也想要进步的话，从此刻起多与仁者交往，远离小人的诱惑吧！

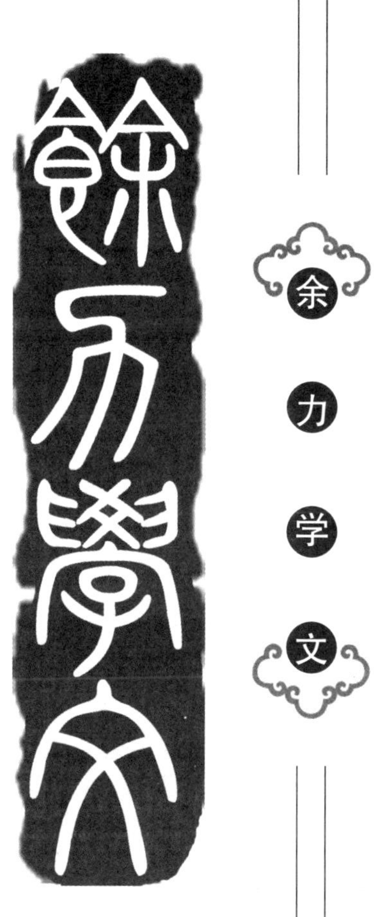

余力学文

1 学以致用，理论与实践相结合

社会在飞速发展，当今社会可以说是一个知识爆炸的时代，科学发展日新月异。如果我们只是一味地学习文化知识，不懂得培养自己的动手能力的话，很可能会成为"高分低能"者。对于这一点，《弟子规》中也做了明确的要求："不力行，但学文；长浮华，成何人。"意思是说，只知道掌握这些理论知识，不懂得学以致用的话，纵使空有满腹才华，又能有什么出息呢？因而，我们只有学会把理论与实践结合起来，才能获得成功。

在古人看来，一个人不仅仅要学习文化知识，更应该注重培养自己的品德修养及动手能力，否则，这样的人即使再有才华，也根本在社会上无法立足。也许有人会认为这种想法过于夸张了吧。要知道，作为一个人，没有知识最多会让一个人的思维受困，然而，如果没有"余力"的话，很可能连基本的生存问题都解决不了，就更别提发展了。这样的人，在古人看来，也是不会有什么出息的，看了下面的故事，相信你也会更加认同这种看法的。

有一个名叫刘羽冲的人，自幼性格孤僻，非常爱读书，并且相信古书上的学问。有一次，他偶然间得到一本古代兵书，于是，他便爱不释手，苦心钻研了一年多。他自以为已经掌握了各种技巧，便自称可以统率十万大军。这时，恰巧某地有人聚众闹事，他便自己训练了一队乡兵前去镇压。自认熟知兵法的他却全军溃败，差点连自己也成了俘虏。后来，他又不知道从哪里

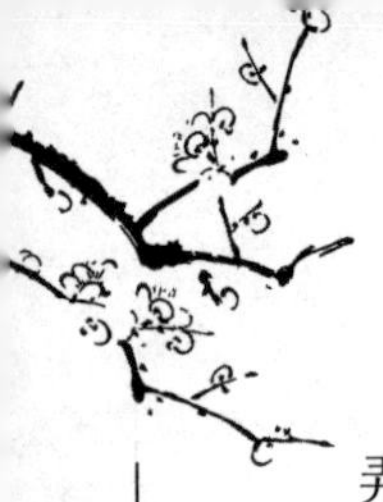

弄来了一本关于水利方面的书,他又细心钻研起来。又读了一年多,便自认为已经掌握了兴修水利的技巧,声称可以把千里贫瘠的土地改造成良田,并画出了水利图,到州官那里去大讲兴修水利的好处。

于是,州官便派他去兴修水利,然而,他却只懂得死守知识,既不看农田水势,也不问百姓当地实际情况,更不去理会当地农民的一些意见。所有的工程,都必须按照他图纸上的来施工,结果沟渠完成后没多久,天就降下大雨,洪水便顺渠道灌入村庄内,水势很猛,一些村民险些被淹死了。

在现实的打击下,自此以后,他整个人便整日闷闷不乐,总会独自在庭院里散步,且常摇头自语道:“难道是古人骗了我不成?”最终,他便在这种抑郁寡欢当中死去。

在这个故事中,刘羽冲爱读古书并没有错。然而,他过于相信书本上的东西,不懂得把这些与实际联系起来,仅凭着一本兵书,便妄图统率十万大军,结果在一次小小的聚众闹事中,却败下阵来。同样,在修建渠道中,他自认为已经熟读水利之书,死搬教条,不懂得理论联系实际,面对他人的建议也置之不理。结果却因为建好的渠道使村中受灾,百姓遭受损失。由此可见,一个人想要成功,只掌握死知识是不行的,必须学会“力行”,学会将实践与理论相结合,才能得到正确的结果。

现实生活中,有一些人无论学习、读书,只懂得接受理论知识,根本不懂得学以致用,把这些知识运用到生活中,来检验其可行性。其实,这种做法是不可取的,通过《弟子规》的学习,我们得到如下启示:

1. 想要学文,修身养性最重要,良好的态度有助于学文

在古人看来,一个人修身养性最重要,只有先做好人,再去学习文化知识。生活中,良好的修养有时也是有助于学习的。当然,放在当今社会就

是，一个人学习知识的同时，更要注意精神文明的建设，要像《弟子规》中所要求的那样，培养好自己的品德修养，才是最关键的。

2. 学习，不能只停留在知识上，要更多地与实践相结合

任何一个真理都必须经得起实践的考验才行，学习文化知识也一样。古人说："尽信书，不如无书。"读书学习也要抱着辨证的态度去对待，在学习知识时，要学以致用，将学习到的东西运用到生活中，才能检验到正确与否。

《弟子规》教导我们要懂得把理论与实践联系起来，方能获得真正的知识。其实，良好的学习态度，并不是说指一个人学习要多么认真、专心，而是要求我们学会把理论融入实践当中，通过运用来发现其中的不足，方能找到更正确的途径。因而，如果你也想要做到这一点，从现在起，就把理论运用到实践中去吧！

2 做事不可光凭主观臆断

在古人看来,一个人只注重学习,不懂得力行的话,他是不会有什么出息的。相反,如果一个人只是实践操作,不去学习知识,这样的做法就正确吗?这样做的后果又会是怎样的呢?当然,《弟子规》在接下来,便给出了我们答案。《弟子规》讲:"但力行,不学文;任己见,昧理真。"它的意思是说,一个人只懂得卖力去做,不学习书中的道理的话,仅仅靠着自己的短浅见识,永远也不会明白真正的道理。

生活中,有一些人认为知识并不重要,书本上的东西都是一些规矩定律,根本都无法运用到生活中。甚至更有一些人觉得,书本上都是一些没用的东西,即使我们走向工作岗位也根本用不到学校中的东西。然而,知识的影响是潜移默化的,更多的时候,读书是为了开阔人的眼界,拓宽一个人的思维,让我们在思考问题时,思维能更开阔一些。要知道,一个人无论你的官职再大,如果不学习知识的话,很可能会半路受阻。相信看了下面的故事,你也会有所感受。

霍光,字子孟,生于汉武帝年间。由于种种原因,他十岁时便被霍去病带至京都长安,任郎官,后升为诸曹侍中,参谋军事。两年后,他又做了汉武帝的奉车都尉,负责保卫武帝的安全。因其谨慎小心的行事作风,深得武帝的信任,受嘱托辅佐汉昭帝刘弗陵。

当然，霍光最后接受武帝遗诏，成为汉昭帝的辅命大臣，与众大臣等共同辅佐朝政。经过他们的努力，汉室王朝才能够稳定下来。后来，他又联合众大臣在昭帝死后，重新找到真正适合继承汉王朝的汉宣帝。

然而，这些成就都不能代表一切。尽管他在位执政二十多年来，为汉王室的发展做出了杰出的贡献。然而，他却因为学识有限，思想受到时代与历史的限制。一方面，他内心深处摆脱不了光宗耀祖的思想束缚，更摆脱不了身为将相，子弟封侯的腐朽传统。他在位时，他的宗族、子弟都已是高官显贵，然而，却多是不懂得品德修养之人，宗族之人，多不奉公守法，为霍氏一门后来的发展留下了祸根。

在汉宣帝即位后，也曾有大臣建议汉宣帝娶霍光的女儿为皇后，然而，宣帝却巧妙地表达了自己的心意，成功地立正室许平君为后。可是，霍光之妻对这一切都置之不理，她一心想让女儿当皇后，竟买通御医，毒死了已经怀有身孕的许皇后。本来霍光认为当时对于这些汉宣帝并不知情，他认为只要自己不说，任何人都不会知道真相，便把这件事情给压了下来。

这件事情虽然暂时没有引起什么后果，然而，他却不懂得教训家族。在他去世后，霍家一族最终未能逃脱被灭门的悲惨结局。

在这个故事中，霍光为了汉王朝的发展的确立下过汗马功劳。然而，缺乏知识的他，在狭隘的思想指导下，把自己的宗族和子弟都放在高官显贵的位置上，然而，却没有教育他们好好做人，以至于做下很多违背公法的事情，为家族带来耻辱。面对妻子的罪恶行径，他狭隘地认为没有人知道，把事情压了下来。这些都为家族的灭亡埋下了祸根。同时，他没有及时教导后代们修身养性，在他死后甚至还有人密谋造反，最终将霍世家族推向深渊，落得个满门抄斩的下场。霍家的遭遇，正是缘于霍光缺乏知识，不懂得训导家

族为人处世。由此可见,知识对于一个人的重要性。如果一个人不懂得用知识来增长自己的见识,便很容易在自我封闭的天地中,做出错误的决定,最终酿下大错。通过学习《弟子规》,我们得到的启示如下:

1. 一个人想要有所成就,要注重知识的积累

如果一个人只顾埋头做事,缺乏理论知识的支撑,会浪费很多时间不说,甚至可能会适得其反。相反,一个人只有接受知识的洗礼,才能让思路开阔起来,考虑问题自然也就会全面起来,当然,犯错的机会也就会少一些。所以,做一个聪明的人,要注重理论知识的掌握,更有利于解决问题。

2. 多借鉴前人的经验,丰富自己的人生

霍光正是因为没有读多少书,才会让自己的家族走上灭亡之路。倘若他能多读一些书,多了解一些前人的经验,绝不会落得这个下场。因而,我们要多读史书,丰富自己的阅历,多学习古人的处事之法,借他人的经验来丰富我们自己的人生。

《弟子规》教育我们,在实践生活中,更要注重文化知识的学习,做到实践与理论相结合,唯有多学理论知识,重视前人的经验,才可以让我们避免犯同样的错误。所以,从现在起认真学习知识,要学会把理论与实践联系起来吧!

3 学习要做到，眼到口到心到

在前面的部分中，《弟子规》要求我们既要重视实践，更要注重理论的学习。学习知识，说起来简单，真正做起来却又是另外一回事。有人认为，读书只要认真就可以了，哪有那么多的要求呢？其实，不然，接下来，《弟子规》对我们的学习又提出一些要求。在古人看来，读书唯有如此，才能达到事半功倍的效果。

《弟子规》讲："读书法，有三到；心眼口，信皆要。"意思是说，读书的方法，讲究三到：心到，眼到，口到。用心思考，认真观察，专心地读，这三条都是很重要的。自古以来，人们就知道，读书要做心、眼、口皆到。朱熹在《训学斋规》里面也早有提起，他还认为，在这"三到"当中，要数"心到"最为重要。当然，说起古人专心好学的精神，当然不能不提杨愔这个人！

杨愔，字遵彦，是弘农华阴杨氏人。提到弘农的杨氏，可以说是魏晋以来的名门望族，在这一族中，身居高位的人很多。杨氏家族的门望之高，引得隋文帝都来攀附。可是，身处这样的家庭，杨愔从小没有一点官宦子弟的样子。

幼年上学时，他所表现出的与众不同之处，深得大人的欢喜。当时，学馆里有一棵李子树，一到李子成熟的季节，李子会纷纷从树上掉落下来。一天，杨愔坐在院里的李树下看书，突然，一个熟透了的李子，从树上掉下来，

正好打中了他的背,可是,他却一动不动地坐在那里继续看自己的书。

然而,再看看别的孩子,一看到有李子掉下来,纷纷跑上来抢夺,得到了的就津津有味地品尝起来,没有得到的懊丧不已,正想办法要弄几个来吃,甚至还有人拿竹竿或爬树,去弄下树上的李子。只有杨愔一个人端坐不动,照旧读书。这一切被他的季父看到后,便对他的毅力大为惊奇。同时,他还派人专门在府里的竹林里修建房子,以供他读书之用,为了能够让大家向他学习,还把他所用的筷子换成当时最为贵重的铜制品,以此来表扬他的专心精神。

这就是"竹林别室"的典故,在这个故事中,杨愔虽然出身名门望族,可是他从小没有一点官宦子弟的模样。同为幼年书童,看到李子成熟掉落,大伙都会去争抢,可是他却对此置之不理。尽管李子落下砸在他的身上,他却依然端坐不动,照旧读书。因而深得家人的欢心,专门修房供他读书所用。同时,还把他使用的筷子也换成铜制品,以此为榜样号召大伙向他学习。

在古人看来,一个人读书就要做到专心致志,方能领会书中的真谛。《弟子规》中提出的这"三到",许多人都明白这其中的意思,然而,却并非人人都能做到这一点。通过对《弟子规》的学习,我们受到的启示如下:

1. 想要拥有好的成绩,读书就要注意"三到"

现实生活中,有一些人学习也非常用功,每天专注在课业上面,更有人甚至学习到三更半夜,可是每次考试成绩出来却并不理想。究其原因,就是他们不懂得读书的要领所在。如果一个人读书没有用心的话,那么,即使再努力,也不可能记住所学的知识,自然也就不可能拥有好成绩。当然,如果只是心到了,没有认真仔细地观察,那么,也就无法分辨出不同之处,同样不可能取得好成绩。如果没有读到的话,自然也就不可能真正明白其中的含义，同样有碍于知识的掌握。这“三到”都很重要，只有同时做到才有可能会取得好成绩。

2.“三到”中，心到最重要，其他方面起辅助作用

这“三到”对于取得好成绩很重要，然而，在这“三到”中，尤其心到最为重要。因为，一个人的思想决定行动，只有心到了，他的大脑才会积极支配全身行动起来。如果不用心，就更别提其他方面能够做到。当然，眼到与口到，也是不可或缺的，对于一个人的成功同样具有重要的意义。

3.眼到与口到，有助于更好地完成课业，协调好三者最重要

眼睛是一个人洞察一切的源泉，在学习中，他的作用不容忽视。如果读书没有用眼去观察的话，自然不可能发现课业中的不同之处，没有比较也就不可能会有提高。古人讲：“书读百遍，其义自现。”如果没有认真读到的话，就不可能正确地理解。因而，只有协调好这“三到”的关系，才能更好地学习，取得好成绩。

《弟子规》教导我们读书要专心认真，以“三到”为标准。如果能够认真地遵守这“三到”，相信每一个人都能学有所成。因而，如果你也想取得好成绩，从现在起，从这“三到”认真做起吧！

4 读书切忌三心二意，专精方能深入

《弟子规》指导大家，读书要专心，只有真正做到"心、眼、口"合一时，才能高质量、高效率地学习。读书做学问，想要有所成就，仅仅是做到以上这点还是不够的，做学问还要讲究方法，一个人要如何做才能深入了解某一知识，在具体学习中，我们又应该注意些什么呢？当然，《弟子规》接下来又给出了明确的答案。

《弟子规》中讲："方读此，勿慕彼；此未终，彼勿起。"意思是说，正在读这本书时，不要去想着那本书。这本书还未读完时，不要去看另外一本书。这样做就是要求一个人读书时要做到用心专一，方能有所成就。《弟子规》中关于这点，旨在教导大家读书要做到专精方能深入，方能有所收获。

生活中，有一些人无论读书、学习，总喜欢三心二意。手中还在拿着这本书，心里却在想着另外一本书，这样一来，自然会对你的学习成绩有所影响。要知道，学习贵在专心致志，如果一个人总是心有旁骛，总想着还有其他的书没有读，自然也就无法专心，当然会影响读书学习的效率了。通过对《弟子规》这一点的学习，我们又受到了哪些启示呢？

1. 读书学习只有一心一意，方能领会到真谛

生活中，有些人无论看书，还是写字总会想着还有别的科目没有学。于是，便会草草地结束这一本，或是直接丢下手中任务去找下一本。这样是不

正确的，要知道，“此未终，彼勿起”，如果你手头上的课程还没有结束的话，就不能再去动手做其他功课。否则的话，只会是很多课程都做一半，从而影响整体的进展速度。

2. 要学一科爱一科，要坚持到最后

学习是一件持久的事情，如果没有坚定的毅力，很可能会被外物所诱惑。古人更是如此，有时读一部书，可能要一年或是更久的时间。如果没有这个耐心的话，自然也就不可能用心深入到书中去，对于书中所讲的真知，当然也就无法了解。因而，具有良好的耐心，是一个人学有所成的关键。这就要求我们，在学习时无论是哪一个科目都要坚持认真完成，培养自己的耐心与毅力，方能取得好成绩。

《弟子规》教导大家读书要专心致志，更要深入进去，方能从中获得真知，取得好的成绩。因而，对于大家来说，良好的学习态度，是取得学业成功的关键。如果你也想学有所成的话，从此刻起，培养你的耐心与毅力，从一门做起，做好一门，再进入下一个环节，相信你也会有深得的！

5 学习要有计划并严格执行

其实,《弟子规》中对读书的要求和做人的要求都是一样的。在古人看来,读书贵在坚持,如果能够做到这一点,那么,做所有的事情就不可能不成功。当然,《弟子规》中对读书的要求,除了要做到专精之外,还提出了更多的要求。其中,重要的一点就是制订好的学习计划,并严格按照计划来执行。

《弟子规》讲:"宽为限,紧用功;功夫到,滞塞通。"意思是说,在制订学习计划时,不妨制订得宽松一点,学习时仍然要抓紧时间用功;只要工夫到了,那些不懂的地方自然也就会弄清楚的。它旨在要求我们,学习时要懂得制订宽计划,然而,真正做起来的时候,就要认真努力,抓紧时间学习,养成良好的读书习惯。当然,要说到抓紧时间学习,那就不得不说说司马光的故事了。

司马光幼年时,原本也是比较贪玩的,所以为此经常受到先生的责骂与同学们的嘲笑。后来,司马光下定决心要抓紧时间用功学习,改掉贪玩的坏毛病。于是,他就给自己制订了一个学习计划,每天早早起床学习。刚开始,他也很想努力,无奈每天总也睡不醒。于是,他想出一个主意。

睡觉前,他就拼命地多喝水,希望能够因为尿急把自己弄醒,好起来读书学习。可是,尽管水喝了很多,他却没能如愿以偿,最后还把床尿湿了一大片。这下,更遭到伙伴们的嘲笑。一计不成,他又想出一个办法。第二天,他便把自己的枕头给换掉了。他请人用圆木为自己做了一个枕头,每天就枕着这个东西睡觉。人在上面睡熟后，只要头一转就会滑下来，磕在床板上，自然也就会惊醒。每次，只要他一醒来就赶紧爬起来继续读书。

就这样，他每天都按照自己制订的学习计划，孜孜不倦、夜以继日地努力着。通过努力，他的学业不断地进步，最终成为宋代著名的政治家。

这就是“温公警枕”的故事，司马光从小聪明过人，曾被人誉为神童。即便是这样，他也并没有因此而骄傲。当他意识到要发愤努力时，也曾制订学习计划，怎奈贪睡，无法醒来，于是，他只得想尽办法夜起读书。最后，他请人做了圆木形枕头来叫醒熟睡的自己。通过抓紧时间学习，终于成为学识渊博的人，成为《资质通鉴》的一个主要编纂者。他的故事，旨在告诉大家，制订良好的学习计划很重要，然而，重在抓紧时间，坚持不懈地按照计划执行。

生活中，有许多人刚开始也会制订很好的学习计划，甚至还有一些人把计划制订得很详细，具体到每天每小时做什么都安排好。可是，真正能够长期按照这样的计划执行下去的人却很少，更多的人往往刚开始还能坚持，可是慢慢就不坚持了，到最后，看着反正已经落下那么多了，自然也就甩手不干了。其实，这种做法并不科学。《弟子规》告诉我们，在制订计划的时候，尽可能地把时间安排得宽松一些，以留足充分的时间来学习。然而，在执行计划的时候一点也不能耽误，要尽量往前赶，这样才能养成良好的习惯。通过《弟子规》的学习，在读书时，我们得到的启示如下：

1. 读书、学习要先制订好计划

读书学习，并不是一两天的事，需要长期坚持。因而，对于大家来说，在读书前，先要为自己制订一份合适的计划，才是最重要的。每天需要完成规定的内容，掌握哪些知识都要做到心中有数，那么，只要严格按照计划上的

东西来执行,就一定会有所收获。

2. 计划再好,也要付诸行动,严格执行最重要

一份再精美的学习计划,如果不能够严格执行,也只能是一种形式,最终起不到任何作用。因而,在读书学习时,我们要严格按照学习计划上的安排来做。每天都要抓紧时间学习,尽量向前赶,绝不能今天的事情推明天,明天的事情推后天。这些都是不利于读书学习的坏习惯。

《弟子规》要求我们在学习时,要养成良好的读书习惯,这是一个人成功的必要条件。当然,这个良好的读书习惯就包括制订合时宜的学习计划,同时,还有坚持不懈的努力,每天都要完成既定的目标,只有这样才有可能取得成功。如果你也想要学有所成的话,从现在起,认真执行计划书上的每一项内容吧!

6 勤学好问，成就一生

一个人想要学有所成，仅仅有良好的学习习惯还不够，拥有良好的学习态度也是非常重要的。学习中，我们会遇到许多难题，什么样的学习态度才是有利于成功的呢？当然，关于这一点，《弟子规》中也给我们做了明确的指示。《弟子规》指出："心有疑，随札记；就人问，求确义。"它的意思是说，读书时，遇到有疑问的地方，自己又无法解决的话，就要用笔把问题记下来。向他人请教，一定要得到正确的答案才可以。

在古人看来，读书学习重在答疑解难，对于那些心存疑问的地方，如果不能够得到正确的答案，就一定要请教他人，直到找到正确的答案才能放过。当然，现在读书的条件好多了，不懂的地方，我们可以请教老师与同学，或上网寻找答案。然而，无论采用哪种途径，虚心向他人求教才是最重要的。一个人只有勤学好问，才能成就一生。当然，要说到勤学好问的人，那就不能不提提孔子啦！

孔子是我国伟大的思想家、政治家、教育家，更是儒家学派的创始人。人们都尊称他为圣人，然而，生活中，他却依然能够做到勤学好问。有一次，孔子去太庙参加鲁国国君的祭祖典礼。然而，他一进入庙中，就开始向周围的人问这问那的，几乎每一件事情都问到了。

当时，旁边就有人讥笑他说："谁说孔子学问渊博，进庙里什么都问？这

样的人难道是懂得礼仪的吗?”于是,也有一些人便在私下里议论开了,孔子听到以后,回答道:“对于那些不明白的事情,每事必问,这些恰恰是我要求知礼的表现。”

孔圉是卫国大夫,一生谦虚为人,聪明好学。在他死后,卫国国君为了发扬他好学的精神,因而赐他一个“文公”称号,后人也就尊称他为孔文子。对于这一点,孔子的学生子贡有些不明白,便问师傅这样称呼的原因,孔子便告诉他,因为孔圉一生聪明而好学,还能够不耻下问,所以才能以“文公”来称呼他。当然,对于这一点,孔子也是如此来要求自己的。

在这个案例中,孔子被人尊称为孔圣人,在别人心目中他应该是无所不知的。然而,他进入太庙以后,却依然向周围的人问东问西。他这样的行为,招来旁边的人讥笑,认为他是什么都不懂的人,怎么能够称得上懂礼仪呢?然而,在孔子看来,一个人并非天生什么都知道,只有不断地向别人请教,才能让自己的知识更加丰富。孔子尚能如此勤学好问,我们又有什么理由不去这样做呢?

现实生活中,有一些人读书学习的过程中,遇到一些有疑惑的地方,总会认为去问别人的话会遭人耻笑。于是,索性什么都不问,或是不懂装懂,时间一长,自然也就留存下许多不懂的地方,慢慢地也就跟不上同学们的进度了。其实,这样的想法并不正确。《弟子规》教导我们,学习时,遇到不懂的地方就要学会虚心向他人请教,只有勤学好问,才可能拥有好的成绩。通过对《弟子规》的学习,我们可以得到哪些启示呢?

1. 学习时,要保持积极心态,不懂的地方要标记出来

古人学习,除了要求眼到、心到、口到之外,还要求手动。也就是说,在读书的时候,还要做到动手,把学习过程中所遇到好的地方或是心得体会、

疑难问题，都要做明确的标记。俗话说："好记性，不如烂笔头"，经过手写一遍，不仅可以更快地掌握书中的知识，同时，那些不懂的地方集中起来，更容易记住，也便于解决。

2. 不懂的地方，要学会及时请教他人，方能答疑解惑

学习的目的，重在解决那些不懂的地方，才能把它变成你的知识。当然，对于那些不懂的地方，可以自己先查资料解决，实在不行的话，就需要虚心向他人请教。生活中，也有一些人总认为这么简单的问题，如果去问别人的话，可能会被他人耻笑。其实，只有把书本上的东西，真正变成自己的知识，才是最重要的。正如孔子所言，有谁天生什么都会呢，无论通过什么途径知道了，才是最关键的。

《弟子规》教导大家，面对学习中不懂的地方，勤学好问，才能有所收获。荀子说："知而好问，然后能才。"它的意思是说，一个人再聪明，也要做到勤学好问，才能成才。对于我们大家也一样，无论你的头脑再聪明，如果不善于学习，也不懂得向他人请教的话，自然也就不会有什么大的学问。因而，如果你也要想要拥有好的成绩，从现在起，做一个勤学好问的年轻人吧！

7 整洁的环境让你学习亦有好心情

古人认为,读书环境对一个人学习的影响也很大。因而,《弟子规》提出,我们在学习时保持良好的环境很重要。那么,古人对于读书环境的要求有哪些?我们又该如何做呢?这些,《弟子规》在接下来将明确指出。《弟子规》讲:"房室清,墙壁净;几案洁,笔砚正。"意思是说,书房要整理得干净简洁,四周的墙壁保持干净。书桌也要做到干净整洁,需要用到的笔墨纸砚都要摆放端正。

在古人看来,一个人读书的态度如何,通过环境就可以看得出来。如果一个人把书房、书桌,学习用具都收拾得干净整洁,至少表明这个人学习习惯好,读书的态度很端正。相反,如果一个人整天在一种脏乱的环境下学习,他对读书的认真态度也好不到哪儿去。因而,保持良好的读书环境,也是我们成大事所必须具备的一种习惯。

东汉有一个名叫陈蕃的人,他的祖父曾任河东太守,然而,到了他这一代,家道已经中落,自然也就不能再显威乡里。因而,陈蕃胸怀大志,想要通过苦读诗书,将来好有一番作为,光宗耀祖。

十五岁时,他便要求独处一个庭院习读诗书,希望能够专心学习,将来干出一番惊天动地的事业来。有一天,他父亲的朋友薛琴听说他正在用心苦读,因而前来探望他。但见他住的院子里到处杂草丛生。走进书房一看,

地上到处都是他随手扔掉的废纸屑，就连书桌上的学习用具，也是摆放得乱七八糟的。于是，薛琴就问他："孩子，屋子里这么脏，你怎么不打扫打扫，打扫一下，看上去不是要好些吗？"

听了他的话，陈蕃不仅没有意识到自己的错误，反而理直气壮地说："我的手是用来扫天下的，区区一间屋子又怎用我亲自来扫？"听了他的话，薛琴知道他是一个胸怀大志的人，然而，却又对他不拘细节的生活习惯而担忧。便劝他道："你连一个屋子都弄不好，像那些国家大事又如何能够处理得好呢？"

听了这番话，陈蕃立刻意识到自己的错误，从那以后，他自己读书的房间都收拾得干干净净，连自己的院子也不例外，养成了有条不紊的好习惯。后来，他果然成就了许多大事。

在这个故事里，陈蕃胸怀大志，认为只要能够学有所成，就可以成就一番事业。对于那些打扫卫生的事情，根本就不屑于做。因而，即使有人来访，他也是依然脏乱如故。当他人问起时，他还理直气壮地认为自己是干大事的人，这些小事根本无须他来动手。最后，在薛琴的劝说下，他终于明白，一个人想要成就大事，就必须具备从细节处着手的良好习惯；否则，即便再有学问，也不可能成就大业。这个故事就是告诉我们，想要拥有良好的成绩，细节更需要注意。

生活中，有一些人总认为读书很重要，只要能够读好书，自然就可以成就一番事业。当然，也有许多家长认为像这些整理书桌，打扫书房的事情根本不需要孩子动手，只要他们能认真读书就可以了。其实，这种想法很不正确。要知道，良好的读书习惯也应该从读书环境中体现出来。通过学习《弟子规》，我们得到的启示如下：

1. 良好的读书环境有利于高效率地学习

要知道，一个人如果整天在一种干净整洁的环境中学习，不仅可以让自己心情愉悦，同时，更有利于学习成绩的提高。相反，如果终日处在一种脏乱的环境下，势必会影响学习的心情。因而，想要专心读书的话，就要注意保持周围环境的干净整洁。

2. 一个人想要拥有一定的成就，保持良好的习惯最重要

一个人想要成功，凡事都要懂得从细节入手，读书学习也是一样。如果你想要拥有好的成绩，养成良好的读书习惯是很有必要的。当然，这里所说的良好的读书习惯是指，无论什么时候都要保持干净整洁的环境。只有这样，才能以严谨的态度来对待所有的事情，方能获得大的成就。如果你仍然认为只要读好书就够了，不需要去留意周围的环境，就大错特错了。

《弟子规》教导我们，想要拥有好成绩，保持良好的读书环境很重要。一个人如果能够把这种习惯运用到学习中去，自然就不愁学习的问题。因而，如果你也想要拥有好成绩，先从整理你的读书环境做起吧！

8 做事要克制浮躁，专心致志

有人会认为学习时不就是没有注意到周围的环境整洁吗？有什么大惊小怪的。也许你会认为古人未免有些小题大做，不就是磨墨写字吗？还有什么要求呢？要知道，态度决定命运，在古人看来，一个人如果学习时态度不端正的话，那么，自然是不可能有所成就的。因而，克制浮躁心绪，专心致志地学习，是对我们学习的基本要求。

那么，古人是如何通过一些动作来判定他人的学习态度呢？《弟子规》讲："墨磨偏，心不端；字不敬，心先病。"意思是说，如果内心不端正，磨墨就容易跑偏。如果一个人内心存在杂念，字就写不端正。我们在学习知识的时候，要做到专心致志，不能掉以轻心。否则，就是再简单的事情，都可能会出现差错。

从前有一个名叫吴同的人，他想学习盖房子，掌握一门真正的手艺，于是，便拜在一位有名的师傅门下。然而，师傅却让他从最底层的泥水匠做起。面对眼前的工作，他认为根本没有什么技巧可言，不就是和稀泥吗？有什么可难的。每次做事，他都拖泥带水，不是这个没做好，就是那个忘记了，总是草草了事，因为，在他看来，这根本没有什么值得学习的。

于是，师傅想好好教育他一番。一天，师傅考验他，让他在一星期内就盖好一座房子。吴同每天都在看如何盖房子，做起来也就不是什么难事。

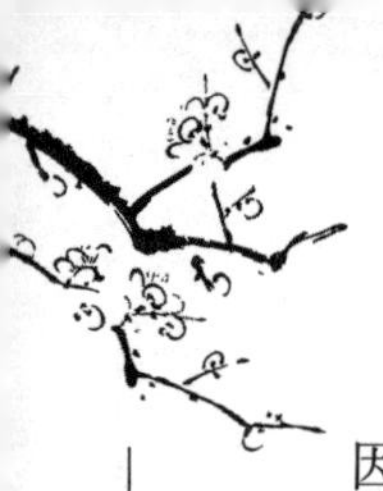

因而,没出三天,他便把房子盖好了。看着屹立在眼前的房子,他很高兴。然而,没过两天,恰逢一场大雨,新房子就被大雨给冲塌了。吴同看着自己盖起来的房子这么不结实,心里自然有些懊恼与惭愧。从那以后,他再也不敢轻视每一个环节了。最后,经过努力,他便踏踏实实地把手艺学精了。

在这个故事中,吴同想要学到盖房的手艺,于是前去拜师学艺。面对师傅的安排,他认为除了盖房以外,其他手艺根本都不算什么,所以学起来根本就不用心。师傅为了教育他,便出题让他自己盖房子。三天时间,他便把房盖好了,可是一场大雨就给冲塌了。现实面前,吴同才认识到因为自己的不专心,没能掌握这些手艺。从那以后,他便开始严格要求自己,专心致志学手艺,最终才学有所成。由此可见,学习贵在专心致志,认真对待。

当然,现在我们学习已经不用磨墨了,可是,无论改用什么样的学习用具,拥有端正的学习态度也很重要。然而,有些人认为只要掌握知识就可以了,自然也就不用在乎写的字是否工整,写成什么样子。其实,这些都是错误的思想。《弟子规》指导我们,看似简单的磨墨、写字,实际上反映的都是一个人的态度问题。尤其是在当代,电脑的使用,让更多的人忽略了写字的重要性。通过对《弟子规》的学习,我们受到了哪些启示呢?

1. 无论读书、学习,保持端正的态度很重要

俗话说:"态度决定一切",的确,凡成大事者,都渴望能够拥有成功的机会。然而,能够决定你成功与否的是你的心态。读书、学习也同样如此。如果能够保持积极的心态去对待学习,那么,即使遇到困难,也会在你的努力下,迎刃而解。相反,如果一个人事事都不积极,总认为这样没前途,那样没用处,自然也就不可能会有成就。因而,一个人想要学有所成,保持端正的态度很重要。

2. 学习要认真努力,更要踏踏实实

生活中,有一些人认为学习是一件很枯燥的事情,也有些人认为这些太简单了,自己的理想很远大,学习这些根本就没有什么用处。于是,他们学习起来总是漫不经心,懒散成性。其实,这些都是妨碍一个人成功的重要原因。一个人想要成功,掌握知识最重要。当然,想要做到这一点,我们必须要摒除浮躁的心情,用心学习,唯有如此才能发现书中的奥秘,有所收获。

《弟子规》教导我们,学习贵在专心,唯有抛弃浮躁心理,才有可能取得好的成绩。那么一个人如何才能算得上是刻苦用心呢,从一些细节之处都可以体现出来。所以如果你也想学有所成的话,从现在起,专心致志地学习每一门知识,掌握每一种技能吧!

9 爱读书更要爱护书

《弟子规》要求我们要认真学习，端正态度，方能学有所成。然而，良好的学习态度，不仅仅体现在读书写字上，在古人看来，一个人对书籍的态度，也可以反映出他的读书态度。那么，作为一名学生，我们应该如何爱护书籍呢，当然，《弟子规》对此也提出了明确的要求。

《弟子规》讲："列典籍，有定处；读看毕，还原处。"意思是说，对于那些重要的书籍，要排放在固定的地方，以便于查寻。一本书看完以后，也要放回到原来的地方。这些都是从细节之处要求我们学会存放书籍。生活中，一个爱读书的人，必定会爱惜书籍。因而，从一个人对书的态度，便可以推测出他对读书的态度。当然，说到爱书的事，最著名的例子要数编纂《资治通鉴》的司马光了。

司马光一生收藏了很多书籍，仅独乐园中读书堂里所收藏的文史类书籍就在一万余本。当然，他所收藏的图书并不只是摆在那里的，而是用来阅读的。每天早晨起来，他都会拿出一些书籍来读。尽管有些书他读了十几年了，可是依然完好无损。当然，这些书之所以会保存完好，与他的爱书、惜书是分不开的。

有一天，他把儿子叫过来，对他讲如何爱惜书籍。谈起他的经验来，先要确保这些书籍不会受潮。因而，每年初夏到重阳期间，每天晴朗的日子，他都会把这些书籍搬出来，斜放在太阳下面晒。就是晒的时候，他也还是很注意的。

同时，每次看书的时候，他也是保持良好的习惯。看书之前，要先把手洗干净，然后，再把书桌上打扫干净；同时，桌上还要铺上一块布，坐端正再开始阅读。如果需要边走边看之时，他也要把书放在一个地方，不能用手直接拿着书看，担心手上的汗渍把书给弄脏了。

当然，每次翻页的时候，他也是很小心的。先用右手拇指贴着书页外沿，再用食指捻起书页，才不至于把纸弄皱或弄烂。正是在他这样细心的呵护下，那些书籍才能几十年地保持完好无损。

在这个故事中，司马光爱书惜书，从每年的晒书，到读书时选择干净的地方，再到翻页的方法，都能体现出司马光的爱书之情。司马光对待书籍尚能如此，就更别提对待学习了。正是因为他的努力，最终才能做出一番成就来。然而，现实生活中，许多朋友在看书时，根本就不注意这些细节，看完书后随手乱放，找起来自然也就麻烦。

当然，古人不仅对如何放书提出了要求，而且还对看书时也提出了具体要求。《弟子规》讲："虽有急，卷束齐；有缺坏，就补之。"它的意思是说，读物书时，即便遇到急事，也要把书捆扎整齐，如果发现书本中有缺损的地方，要立刻把它补好。这就是要求我们看书时，要爱惜书籍，不乱放乱丢，更不能有意损坏书本。现在的书，虽然不像以前那样需要捆扎起来，然而，看完书后，还是需要我们整理好书籍，把书收拾好。当然，如果遇到书中的破损之处，要马上动手予以修补，以保持完好。其实，这都是要求我们要从细节做起，养成一种良好的读书习惯，对于一个人的成功是很重要的。因而，通过学习《弟子规》，我们受到的启示如下：

1. 生活中，我们在看书的时候，要做到存放有序

保持良好的习惯，对一个人的成功很重要，读书学习，也同样如此。生活中，我们读书的时候，也要养成良好的习惯，一些重要的书要按照一定的次序排放好。每次看完一本书时，还要把书本放回原处。这样下次再来找时，才能更快找到。

2. 读书的过程中，也要爱惜书籍

书是用来读的，我们要倍加爱惜，然而，如果只因爱惜而不去阅读的话，自然也就失去了书的意义。当然，阅读也是有讲究的，有些人喜欢在读的过程中，写写画画，作批注等，只要是自己的书籍，能够认真批注也是可以的。但是，如果是公共图书这样做就是有违道德的。另外，读书时还要注意不能折页，更不能把书卷起来，翻页的时候，更要多加注意不能使劲捻起来。

书籍是我们通往成功的一个密匙，一个爱读书之人，必定会爱惜书籍。《弟子规》要求我们在读书时要做到爱书、惜书，方能体现出自己对书籍的敬畏之心。因此，如果你也想成为爱书之人，从现在起，用心呵护每一本书吧！

10 好读书更要读好书

好读书与读好书，只是把字的顺序变换了一下，可是，所讲究的内容却大不相同。在古人看来，一个人想要有学问，就要爱读书，培养阅读兴趣。然而，书也有很多种，有些书对于我们成长来说，并没有益处。作为学生来讲，我们该如何选择适合自己的书籍呢？古人在提出好读书后，便又提出要读好书。什么样的书才能算是好呢？针对此点，《弟子规》中也为我们提出了具体要求。

《弟子规》讲："非圣书，屏勿视；蔽聪明，坏心志。"意思是说，不是高雅有益的书，就不要看。看了这种书后便会遮蔽你的聪明才智，更会摧毁你的思想与志向。《弟子规》提出的这一点，旨在要求我们要多看一些有益于身心健康的书，对于那些有损于身心的人，不要阅读。古人讲究好读书，更要读好书，方能从书中获得知识。先来看看古人的读书故事吧！

陶渊明，字渊明，号五柳先生，是东晋末期有名的诗人、辞赋家，散文家。当然，这些都与他的好读书脱不了关系。陶渊明出身破落仕宦家庭，他的曾祖父陶侃曾是东晋开国元勋，军功显著，祖父与父亲都做过太守。然而，等到他出生时，家庭已经走向没落。九岁时，他的父亲便去世了，他只得与母亲和妹妹三人度日。于是，他便经常在外祖父孟嘉家里生活。孟嘉是当时有名的名士，他的行为作风都对陶渊明有所影响。

在外祖父家里，有许多藏书，有像《庄子》、《老子》等之类的经典巨作，这给他提供了阅读古籍与了解历史的条件。当然，他也非常喜欢看这些书，每天他都会到村外的一棵大树下用功读书，时常是忘记了回家吃饭，直到母亲前来催促才回去。时间一长，母亲自然有些不高兴，便说道："读书可以当饭吃吗？看你整天不思茶饭的。"听了母亲的话，他说道："您不知道，这书里的学问大着呢，书里的味道，要比吃饭的味道香得多。"

正是由于这种好学的精神，他广泛地涉猎了多方面的知识，在那个年代里，不仅像一般的士大夫一样读了《老子》、《庄子》等，而且还读了儒家的《六经》和文、史以及神话之类的异书。正是由于他成长的环境和时代的特点，让他接受了儒家与道家两种不同思想，更培养出"猛志逸四海"和"性本爱丘山"的不同志趣。

陶渊明之所以会有后来的成就，完全与他所读的书籍有关。由于家道中落，年幼丧父的他，不得已全家在外祖父家生活。当然，外祖父家的藏书给他提供了良好的阅读条件，使他有机会接触到大量的好书，为他的成功创造了条件。由此可见，一个人的成功离不开书籍，多读一些好书，对于一个人形成自己的人生观与价值观有着重要的作用。

生活中，我们虽然讲开卷有益，读书无禁区，当然这主要针对那些有判断力的人来讲。针对那些尚处于成长期的孩子来讲，选择什么样的书籍对他将来的价值观的形成很重要。因而，这就要求我们在读书时要多选择一些名著、经典来阅读，才是正确的做法。因而，通过《弟子规》的学习，我们得到启示如下：

1. 一个人想要成功，要多读书，方能丰富自己的知识

古人云："读书，足以怡情，足以博采，足以成才。其怡情也，最见到独处

幽居之时;其博采也,最见于高谈阔论之中;其长才也,最见于处世、判事之际。”由此可见,多读书对于一个人是大有裨益的。一个人只有多读书方能开阔视野,提升认知,让自己变得聪明起来。因而,如果想要成功的话,就要博览群书,方能获得更多知识。

2. 读书也要有所选择,多读经典巨著,多读好书

歌德说过:“读一本好书,就是和许多高尚的人在谈话。”读史学经典可以丰富人生的经验,从历史的角度来看待今天,可以使人明智;读文学经典,可以提高我们的审美能力,用前人的眼光来捕捉今天的生机,可以使人生更加美好;读哲学经典,可以让我们的观念得到修正,用前人的智慧分析今天的问题,更发人深省。因而,多读经典,可以带给我们更多的知识,让你的人生更加精彩。

《弟子规》告诉我们,多读好书可以开阔视野,增长见识。因而,如果你也想要从书中收获知识的话,从现在起,多读书。多读一些好书,可以让我们远离那些幼稚与浮华,在人生的旅途中,变得更加理性与高雅,获得丰富的人生!

11 学习要循序渐进，切勿自暴自弃

读书学习是一个循序渐进的过程，因而，一个人想要有所作为，需要持之以恒地努力才能见到成效。然而，有些人一看到自己的努力没有成果，便自认为自己不是学习的料，从此以后便放弃了努力。其实，这是最不明智的做法。针对此点，《弟子规》中也提出了自己的看法。

《弟子规》讲："勿自暴，勿自弃；圣与贤，可驯致。"意思是说，学习时不能因为遇到困难便把自己放弃了。那些圣人与贤士的境界虽高，然而，都是通过循序渐进的努力修学而逐渐达到的。《弟子规》以这四句话作为结尾，对我们最后的要求是每个人要拥有一种不自暴自弃的决心与毅力。这几句话看似简单，真正做起来却并非易事，它需要很大的决心与勇气。先来看看下面的故事吧！

张系直是清末人，自幼苦读诗书，想干出一番大事业。可是，十六岁时，他赴州试，结果名落孙山。看着一起去的同学们都取得了好的成绩，张系直心里难免有些难过。等到考试结果一出来，他的老师看到这个成绩后，自然觉得面上无光，当着大伙的面，老师说出的话有些过分。老师对张系直说道："我看你也就只能这样了，要是有一千人去参加州试，取九百九十九个人，只有一个人不会录取，这个人就是你张系直。"老师的言外之意是：这个世界上人人都可能中举，却除了你张系直。听了老师的话，原本有些伤心的他情绪更加低落了。

可是,他并没有因为被老师否定而自我放弃,他决心记住这个“耻辱”。他就不相信天底下有他办不成的事。于是,每天晚上睡觉时,他都拿来筷子将头发的辫子别住,头部自然也就无法动弹。因而,只要他头一动,自然会感到头部不适,马上就会醒来读书。他每天都坚持这样做,经过两年的苦读,最终成为甲午状元。

在这个故事中,张系直因在州试中名落孙山,从而引来老师的讥讽,认为他不可能有什么作为。面对“耻辱”,他并没有因此而放弃自己,而是每天坚持半夜起来读书。经过两年的努力,他终于取得了优异的成绩。由此可见,读书学习时,只要我们永不放弃自己,在坚持不懈的努力下,即使困难再大,也可以达到目标。

读书学习中,的确会遇到许多困难,有些看来是我们根本无法完成的。可是,一个人如果因此而放弃自己的理想与追求,那么,结果是显而易见的。孟子曾经引用颜渊的话发问:“舜何人也?予何人也?”意思是说,舜是什么人啊,我是什么人啊?得出的答案是:人皆可以尧舜。诚然,无论舜是多么伟大的人,他也是由一个平凡的人一步步取得成功的。因而,只要我们不自暴、不自弃,通过努力,每一个人都可以实现心中的理想。

然而,生活中,真正能够做到这一点的人却不多。尽管现如今的物质条件越来越优越,可是人们的信心仿佛却越来越少。更多的人在学习中遇到困难时,先从心理上否定自己:我肯定不可能取得那么好的成绩,我的智力不行,就不要白费力气了。既然连你自己都这样想了,那么,你自己就会停下脚步,也就失去了追求成功的动力,成功自然也就离你而去。通过《弟子规》的学习,我们受到的启示如下:

1. 读书学习要一步一个脚印,才能实现理想

读书学习时,树立远大的理想很重要,有了理想的指引,我们的目标才会更明确。然而,要知道理想的实现,并不是一蹴而就的。一个远大的理想,正是通过无数个小目标的实现才完成的。因而,读书学习时,要学会循序渐进,一点点来,不能过于着急实现远大的理想,更应该着手于眼前的小目标。

2. 在求学的过程中,面对困难,我们要懂得不自暴自弃

在追求理想的过程中,我们会遇到许多困难,面对这些困难只有相信自己能行,你才有可能战胜困难。如果连你自己都放弃了,那么,别人也就不可能对你抱有信心,因而,要时刻对自己充满信心,只要肯坚持下去,自然会有实现理想的那一天。

《弟子规》教导我们读书要学会循序渐进,方能一步步实现自己的目标。读书学习也是一门学问,一个人想要成功贵在能够坚持不懈,学习也一样。因而,如果你想要取得成就,从此刻起,对自己充满信心,按照由浅入深的步骤来做,相信你一定可以实现自己的人生理想!

参考文献

[1] 吴淡如. 性格决定幸福[M]. 南昌:21 世纪出版社,2008.

[2] 吴维库. 阳光心态[M]. 北京:机械工业出版社,2006.

附录:《弟子规》全文

〈总叙〉

弟子规　圣人训　首孝悌　次谨信　泛爱众　而亲仁　有余力　则学文

〈入则孝〉

父母呼　应勿缓　父母命　行勿懒　父母教　须敬听　父母责　须顺承
冬则温　夏则清　晨则省　昏则定　出必告　反必面　居有常　业无变
事虽小　勿擅为　苟擅为　子道亏　物虽小　勿私藏　苟私藏　亲心伤
亲所好　力为具　亲所恶　谨为去　身有伤　贻亲忧　德有伤　贻亲羞
亲爱我　孝何难　亲憎我　孝方贤
亲有过　谏使更　怡吾色　柔吾声　谏不入　悦复谏　号泣随　挞无怨
亲有疾　药先尝　昼夜侍　不离床　丧三年　常悲咽　居处变　酒肉绝
丧尽礼　祭尽诚　事死者　如事生

〈出则悌〉

兄道友　弟道恭　兄弟睦　孝在中　财物轻　怨何生　言语忍　忿自泯
或饮食　或坐走　长者先　幼者后　长呼人　即代叫　人不在　己即到
称尊长　勿呼名　对尊长　勿见能　路遇长　疾趋揖　长无言　退恭立
骑下马　乘下车　过犹待　百步余
长者立　幼勿坐　长者坐　命乃坐　尊长前　声要低　低不闻　却非宜
近必趋　退必迟　问起对　视勿移
事诸父　如事父　事诸兄　如事兄

〈谨〉

朝起早　夜眠迟　老易至　惜此时　晨必盥　兼漱口　便溺回　辄净手
冠必正　纽必结　袜与履　俱紧切　置冠服　有定位　勿乱顿　致污秽
衣贵洁　不贵华　上循分　下称家　对饮食　勿拣择　食适可　勿过则
年方少　勿饮酒　饮酒醉　最为丑
步从容　立端正　揖深圆　拜恭敬　勿践阈　勿跛倚　勿箕踞　勿摇髀
缓揭帘　勿有声　宽转弯　勿触棱　执虚器　如执盈　入虚室　如有人
事勿忙　忙多错　勿畏难　勿轻略　斗闹场　绝勿近　邪僻事　绝勿问
将入门　问孰存　将上堂　声必扬　人问谁　对以名　吾与我　不分明
用人物　须明求　倘不问　即为偷　借人物　及时还　后有急　借不难

〈信〉

凡出言　信为先　诈与妄　奚可焉　话说多　不如少　惟其是　勿佞巧
奸巧语　秽污词　市井气　切戒之
见未真　勿轻言　知未的　勿轻传　事非宜　勿轻诺　苟轻诺　进退错
凡道字　重且舒　勿急疾　勿模糊　彼说长　此说短　不关己　莫闲管
见人善　即思齐　纵去远　以渐跻　见人恶　即内省　有则改　无加警
唯德学　唯才艺　不如人　当自砺　若衣服　若饮食　不如人　勿生戚
闻过怒　闻誉乐　损友来　益友却　闻誉恐　闻过欣　直谅士　渐相亲
无心非　名为错　有心非　名为恶　过能改　归于无　倘掩饰　增一辜

〈泛爱众〉

凡是人　皆须爱　天同覆　地同载
行高者　名自高　人所重　非貌高　才大者　望自大　人所服　非言大
己有能　勿自私　人所能　勿轻訾　勿谄富　勿骄贫　勿厌故　勿喜新
人不闲　勿事搅　人不安　勿话扰
人有短　切莫揭　人有私　切莫说　道人善　即是善　人知之　愈思勉
扬人恶　既是恶　疾之甚　祸且作　善相劝　德皆建　过不规　道两亏
凡取与　贵分晓　与宜多　取宜少　将加人　先问己　己不欲　即速已
恩欲报　怨欲忘　报怨短　报恩长

待婢仆　身贵端　虽贵端　慈而宽　势服人　心不然　理服人　方无言

〈亲仁〉

同是人　类不齐　流俗众　仁者稀　果仁者　人多畏　言不讳　色不媚
能亲仁　无限好　德日进　过日少　不亲仁　无限害　小人进　百事坏

〈余力学文〉

不力行　但学文　长浮华　成何人　但力行　不学文　任己见　昧理真
读书法　有三到　心眼口　信皆要　方读此　勿慕彼　此未终　彼勿起
宽为限　紧用功　工夫到　滞塞通　心有疑　随札记　就人问　求确义
房室清　墙壁净　几案洁　笔砚正　墨磨偏　心不端　字不敬　心先病
列典籍　有定处　读看毕　还原处　虽有急　卷束齐　有缺坏　就补之
非圣书　屏勿视　蔽聪明　坏心志　勿自暴　勿自弃　圣与贤　可驯致